しくみ図解

電気設備が一番わかる

◆ 建物や施設の電気設備を実務に沿ってわかりやすく解説 ◆

五十嵐博一 著

技術評論社

はじめに

　私たちの生活は、電気によって支えられています。照明、エアコン、テレビや電話、パソコンなど、身の回りのあらゆるところで電気が使われています。防災や防犯など、普段はあまり意識しないところにも電気が使われています。もはや、「電気がなければ、便利で快適な生活を送ることはできない」と言えるでしょう。それどころか、「電気がなければ世の中の安全を守ることはできない」と言っても過言ではないでしょう。

　現代社会で生きる私たちにとって、電気はなくてはならない大切な存在ですが、電気そのものは目で見ることができません。言うなれば、空気のような存在です。意識するまでもなく、いつでも使えるのが当たり前だと思われています。

　スイッチひとつで照明がつき、コンセントに差し込めば電気が使えるということは誰でも知っています。しかし、どんなしくみで照明器具やコンセントに電気が届けられているのかを知っている人はあまりいません。

　人間の体内に血液が流れていることは誰でも知っています。しかし、どんなしくみで血液が体内を循環しているのかを詳しく知っているのはお医者さんくらいでしょう。それと同じです。電気がどのようなしくみで届けられているのかは、電気設備の専門家にしか知られていないのです。

　電気設備に関わる仕事をしていると、「電気のことは電気屋さんにしかわからない」とか、「電気屋さんの話は専門用語ばかりでさっぱりわからない」という声をよく聞きます。ここで言う電気屋さんとは、商店街の電器屋さんのことではなく、電気工事会社やビル管理会社などで働く電気設備技術者の人たちです。

　本書では、このような声に応えて、電気のことを知らない人、よくわからない人、電気設備業界の初心者の人でも簡単に理解できるように、できるだけやさしく電気設備のあらましを解説しています。難しい公式や理論の説明はあえて省いています。「電気設備とはこういうものなのか……」とか、「建物の中の電気のことがなんとなくわかった気がする……」と思ってもらうことが目的の電気設備入門書です。電気設備の理解に少しでも役立てていただければ幸いです。

2011年3月　五十嵐博一

電気設備が一番わかる
――建物や施設の電気設備を実務に沿ってわかりやすく解説――

目次

はじめに…………3

第1章 電気設備とは…………9

1　建物や施設における電気設備とは…………10
2　電気設備の分類と役割とは…………12
3　電気設備に関わる人々…………14
4　電気設備に関わる資格…………18

第2章 受変電設備…………21

1　建物への電気の引き込みはどうなっているのか？…………22
2　引き込み柱には何が取り付けられているのか…………28
3　電気室の中はどうなっているのか…………30
4　キュービクルとは…………34
5　変圧器の役割と種類①…………38
6　変圧器の役割と種類②…………40
7　進相コンデンサと力率改善①…………42
8　進相コンデンサと力率改善②…………44
9　配電盤とはどんなものか？…………46

CONTENTS

第3章 非常電源設備……………49

1 非常電源にはどのようなものがあるのか?……………50
2 自家用発電設備にはどんな種類があるのか?……………52
3 さまざまな蓄電池……………56
4 USP（無停電電源装置）とは?……………60
5 非常電源専用受電設備とは……………62
6 さまざまな非常電源……………64

第4章 幹線設備と配線ルート……………67

1 配線ルートと配線方法のあれこれ……………68
2 電線・ケーブル類の種類と使い分け……………74
3 建物内で使われる弱電線・制御線……………78
4 ハト小屋とは何か?……………80
5 防火区画はどのように形成するのか……………82

第5章 動力設備……………87

1 動力設備と動力機器の種類……………88
2 動力制御盤とはどんなものか……………92
3 モーター（電動機）の始動法とは……………96
4 モーター（電動機）の保護とは……………100
5 インバーターとはどんなものか……………102
6 動力設備の配線はどのように敷設するのか……………104

5

第6章 電灯コンセント設備……107

1 電灯コンセント設備とは……108
2 分電盤とはどんなものか……110
3 さまざまな照明器具と光源①（蛍光灯、白熱灯）……112
4 さまざまな照明器具と光源②
　（高輝度放電灯、照明器具、照明手法）……116
5 適切な照明環境とは……122
6 さまざまなスイッチ……128
7 リモコンスイッチとはどんなものか……136
8 さまざまなコンセント……140

第7章 情報通信設備……145

1 電話の配線はどのように敷設するのか……146
2 構内放送のしくみと役割……150
3 テレビを見るためのしくみ……156
4 インターホンのしくみ……160

CONTENTS

第8章 建物を守る設備あれこれ……………165

1 自動火災報知設備とは…………166
2 機械設備のしくみ…………176
3 監視カメラのしくみ…………178
4 非常用照明とはどんなものか…………180
5 誘導灯とはどんなものか…………182
6 避雷針の役割と種類…………184
7 中央監視設備とはどのようなものか…………186

用語索引…………188

コラム│目次

なぜ、500kW以上では
電気工事士資格が不要なのか?…………20
低い地中化率…………27
SOG制御装置…………29
VCT(計器用変圧変流器)の昔の名前…………31
力率を改善すると電気料金が安くなる…………43
メーターでもわかる設計思想…………47
電気と水…………48
発電設備の燃料(重油と軽油)…………55
低圧受電における非常電源専用受電…………63

CONTENTS

フライホイールを使ったUPS…………66
天井内は物でいっぱい…………71
エコ電線、エコケーブル…………79
本当に鳩が住んでいたハト小屋…………81
あまり使われなくなった配線方式…………86
三相誘導電動機…………88
セントラル空調方式・個別空調方式と自動制御設備…………91
連動とインターロック…………95
始動装置で非常用発電設備が小さくなる…………99
インバーターとコンバーター…………103
東日本と西日本で違うモーターの回転速度…………106
光害と光害対策ガイドライン…………120
ソーラーカレンダータイマーの弱点…………134
壁のスイッチやコンセントの高さ…………140
ボックスレス工法…………143
ジョイントボックス・ジャンクションボックス…………144
IP電話とは…………148
カラスはパラボラアンテナがお好き？…………159
インターホンならではの使い方…………160
雷と滝…………164
非常警報設備…………167
無窓階…………168
警備業法…………176
ダミーカメラ…………179

第 1 章

電気設備とは

身近にありながらも普段は意識されることが少ない電気設備。
この章では、電気設備がどのような機能・役割を
果たしているのかを説明していきます。

1-1 建物や施設における電気設備とは

●電気設備とは

　みなさんは、「電気設備」という言葉からどんなものをイメージするでしょうか。家の中で使う家電製品を思い浮かべる人もいるでしょう。どこかの工場にあるような、電気で動く生産機械をイメージする人もいるでしょう。しかし、残念ながら、家電製品や生産機械は本書で取り上げる「電気設備」には該当しません。

　本書で取り上げる「電気設備」とは、建物や施設の中のさまざまな場所に電気を送り届けるための設備や、建物に付随して使われる照明器具や防災設備などを指します。建物や施設の中のインフラ設備の一部として機能するのが本書で取り上げる「電気設備」なのです。

●建物を人間の身体にたとえると

　建物を人間の身体にたとえるなら、建物の構造体であるコンクリートの柱や壁、床などは骨格で、壁紙やカーペットなどは皮膚、エアコンなどの空調設備は呼吸器系に相当すると考えられるでしょう。

　では、電気は何に相当するでしょうか。電気はさまざまな機械や装置を動かすためのエネルギーとして使われていますから、身体で言えば、さまざまな臓器や筋肉を動かすために循環する血液のようなものと考えられます。

　また、電気はさまざまな信号や情報を伝えるためにも使われています。身体で言えば神経のような働きです。

　つまり、人間の身体で言えば、血液循環や神経系に関わる臓器や器官に相当するのが、「電気設備」なのです。

　例えば、人間の身体で、全身に血液を送り出す働きをしているのは心臓です。心臓から送り出された血液は、全身に張り巡らされた血管を通って身体の隅々まで行き渡ります。建物内で使われる電気を送り出す働きをしているのは変電設備です。変電設備から送り出された電気は、建物内に張り巡らさ

れた電線を通ってさまざまな場所に送り届けられます。建物の心臓に相当するのが変電設備で、血管に相当するのが電線なのです（図 1-1-1）。

● 縁の下の力持ち、それが電気設備

　心臓や血管、脳や脊髄などは、人間の身体にとってとても大事なものですが、普段の生活の中では目にすることはまずありませんし、その存在を意識することも少ないものです。

　電気設備も同じです。建物の中で、一般の人は立ち入り禁止になっている地下や屋上、天井裏などにひっそりと置かれていて、人知れず大切な機能を果たしているのです。言うなれば、縁の下の力持ち、それが電気設備なのです。普段はあまり目に触れることもなく、意識されることも少ない電気設備が、どんな所に、どんなふうに置かれていて、どんな役割を果たしているのか、これから少しずつ見ていきましょう。

図 1-1-1　人間の身体と電気設備の対比

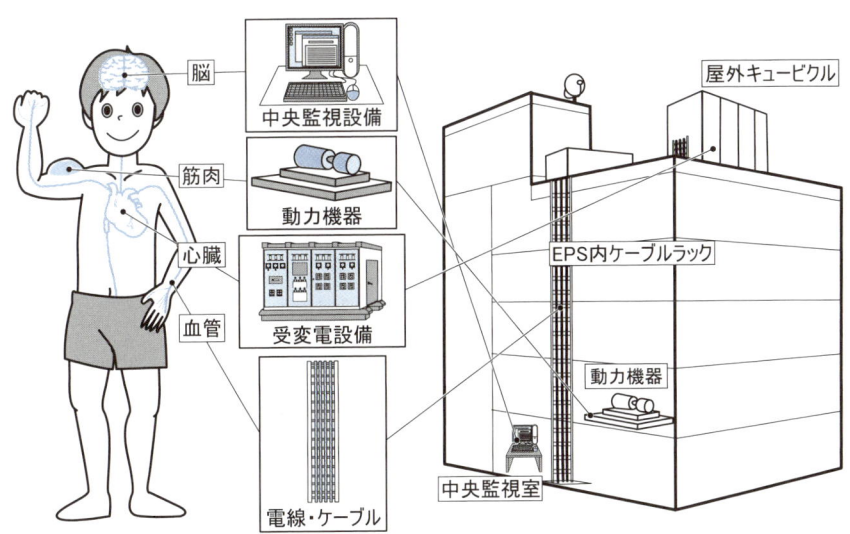

1-2 電気設備の分類と役割とは

●エネルギーとしての電気

　電気は、私たちの暮らしの中で、具体的にどのような役割を果たしているのでしょうか。

　例えば、蛍光灯や白熱灯、LEDランプなどは、電気を光のエネルギーに変えることで、照明という機能を果たしています。電気ストーブやハロゲンヒーターは、電気を熱のエネルギーに変えることで、暖房という機能を果たしています。

　クーラーや冷蔵庫の場合は、暖房とは逆に、何かを冷やすために電気を使っています。クーラーや冷蔵庫の中では、冷媒（熱媒体となるアンモニアやフロンなど）を圧縮するためにコンプレッサーを使ったり、放熱や空気循環のためにファンを使ったりします。電気は、コンプレッサーやファンを動かすために使われているモーターを回すエネルギーとして使われます。モーターが電気を運動エネルギーに変えているのです。

　このように、照明器具や冷暖房器具などでは、電気は「エネルギー」という役割を果たしています（図1-2-1）。

●情報を伝達する信号としての電気

　糸電話を作った経験はあるでしょうか？　糸電話は糸を振動させることによって音声信号を伝達しています。糸電話の糸の代わりに電線を使い、糸の振動の代わりに電気の振動を使えば、糸電話と同じように音声信号を伝達することができます。これが電話の原理です。電話は、音声という情報を伝達するための手段として電気を使っているのです。

　インターネットでも情報伝達のための手段として電気を使っていますし、パソコンの中でも、さまざまなデータが電気信号で処理されています。

　パソコンや電話のような情報機器や通信機器では、電気は「情報伝達のための信号」という役割を果たしています。建物内の電気設備の中では、イン

ターホンや防災設備、防犯設備などでも、電気を情報伝達のための信号として使っています（図1-2-1）。

● **強電と弱電**

以上のように、電気というものは大きく分けると、エネルギーとして使われる場合と、情報伝達のための信号として使われる場合があります。

一般に、電気をエネルギーとして使う分野は「強電」、電気を情報伝達のための信号として使う分野は「弱電」と呼ばれます。

電気をエネルギーとして使う照明器具や冷暖房機器、これらの機器にエネルギーとしての電気（電力）を供給するための設備を「強電機器」とか「強電設備」と呼びます。

それに対して、電気を情報伝達のための信号として使う電話や情報通信機器、情報伝達に使われる設備を「弱電機器」とか「弱電設備」と呼びます。

図1-2-1 電気の役割と用途

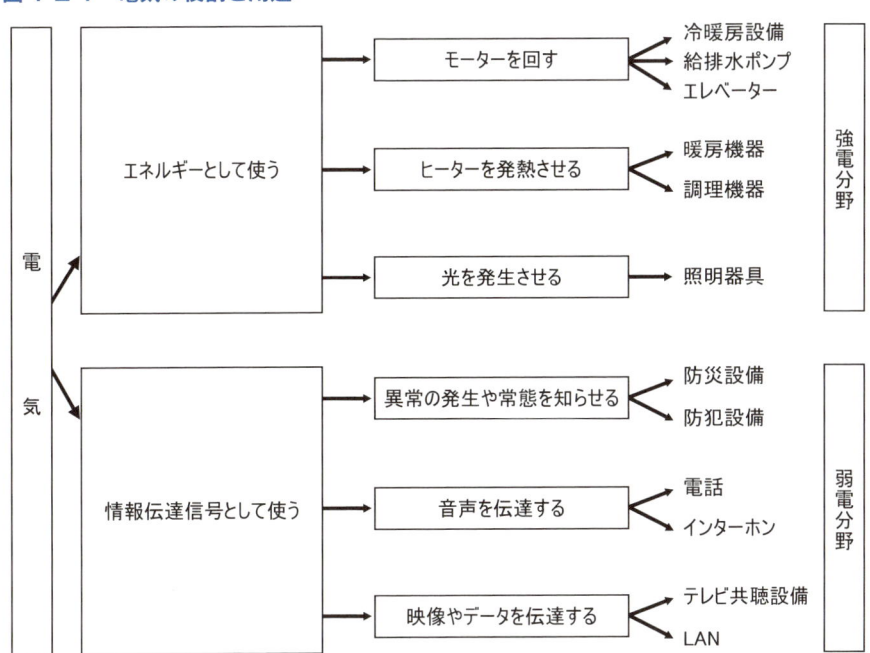

電気設備に関わる人々

●電気設備を設計する技術者

　建物や施設の電気設備には、たくさんの人々が関わっています。例えば、新しいビルを建設する際には、ビル内の電気設備を計画する設計技術者が関わります。電気設備の設計技術者は、建物の設計を専業とする設計事務所や、建設工事一式を請け負う総合建設会社（ゼネコン）、電気工事だけを請け負う電気工事会社、電気設備の設計を専門に手掛ける設備設計事務所などに所属しています。

　設計技術者は、建物や施設の用途や規模に応じて、受変電設備の仕様を決めたり、外部からの引き込みルートや建物内の配線ルートを決めたり、室内の照明器具を選んだり、スイッチの場所を決めたりします。大規模な建物や特殊な用途の施設では、電気設備も複雑になり技術的にも高度なものになりますから、十分な知識、経験、ノウハウがなければ設計できません（図1-3-1、図1-3-2）。

●電気設備を工事する技術者

　建物や施設の電気設備を工事するのが電気工事会社です。ビルの建設工事の現場で、配線や器具を取付ける作業にあたるのが、電工と呼ばれる職人です。

　職人の作業を監督するのが、電気工事会社の現場代理人や主任技術者と呼ばれる責任者です。現場代理人や主任技術者というのは、建設業法で定められている工事現場の責任者のことで、ひとことで言えば、現場代理人とは工事現場における工事会社の代表者で、主任技術者とは技術面の管理者です。現場代理人と主任技術者を一人で兼務していることもあります（図1-3-1、図1-3-2）。

●電気設備を管理する技術者

　建物や施設の電気設備を維持管理する際に監督者となるのが電気主任技術

者です。電気主任技術者は電気事業法で定められている資格で、前出の建設業法で定められている主任技術者とは別物です。

キュービクル（高圧受変電設備）がある建物や施設では、電気設備の維持管理のために電気主任技術者を選任する必要があります。選任された電気主任技術者は、キュービクルの定期点検などを行います。一定規模以上の建物や施設では、電気工事の際も、電気主任技術者が監督しなければなりません。

例えば、企業が持つビルや工場などでは、その企業の従業員の中で電気主任技術者の資格を持つ者を電気主任技術者として選任することになります。資格を持つ従業員がいない場合には、外部の電気主任技術者に業務を委託することになります。外部に委託する場合、個人で開業している電気主任技術者に委託するケースのほかに、電気主任技術者の業務を受託する機関である電気保安協会に委託するケースもあります（図 1-3-1、図 1-3-2）。

図 1-3-1　建物の電気設備の計画から維持管理までのプロセスと関わり方

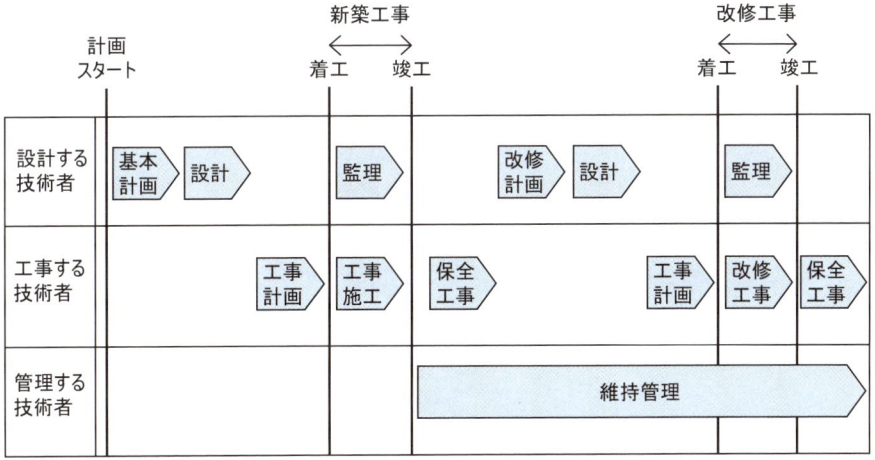

● **機器メーカーの技術者**

　建物や施設の電気設備では、設計する技術者、工事する技術者、管理する技術者が主な関係者ですが、このほかに、電気設備機器メーカーの技術者も深く関係しています（図1-3-2）。

　例えば、非常用発電設備や防災設備などでは、それぞれの機器メーカーの技術者が詳細な仕様を検討したり、据え付け工事や試運転調整などを行ったりします。

　個々の機器の詳細な仕様や設置方法などについては、メーカーの技術者でなければわからないことがたくさんあるのです。

● **多くの技術者の協力で成り立つ電気設備**

　機器メーカーの技術者は、電気設備を設計する技術者から建物規模や用途、必要機能などの情報を得て、機器を選定したりシステムを組んだりします。電気設備を設計する技術者は、機器メーカーの技術者からの機器の情報を得て、他の機器との接続方法を考えたり、設置場所や配線経路を検討したりします。工事する技術者は、設計する技術者からの情報を得て、工事の施工方法を考えたり、資材を手配したりします。場合によっては、工事する技術者のほうから設計する技術者に、設計内容の変更を提案することもあります。

　このように、多くの技術者が関わり、互いに協力し合い、知恵を出し合って、電気設備が成り立っているのです。

図 1-3-2　電気設備に関わる人々

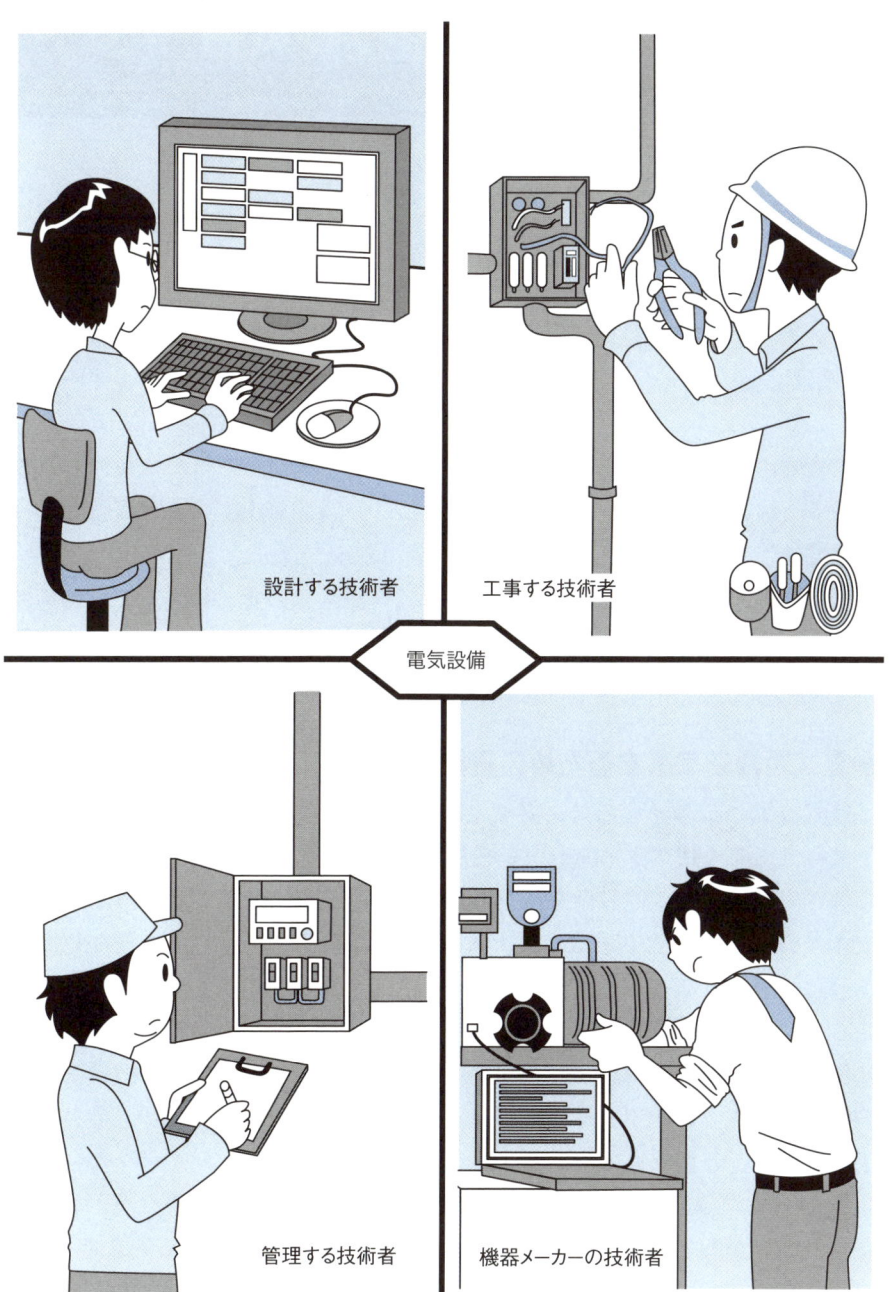

設計する技術者　工事する技術者

電気設備

管理する技術者　機器メーカーの技術者

1-4 電気設備に関わる資格

●電気設備を設計するための資格

　電気設備を設計するのに特に資格は必要ありません。ただし、大規模（3階以上で、延面積5,000㎡超）の建物の設備（電気設備、空調設備、衛生設備）を設計する際には、「設備設計一級建築士」の資格者が設計するか、あるいは、「設備設計一級建築士」の資格者が関係法規の適合性を確認する必要があります。

　設備設計一級建築士とは、平成18年の建築士法改正で新たに設けられた資格で、建物を設計するための資格である「一級建築士」の上位資格という位置付けにあります。

　このほか、建築士が建物を設計する際に、建築士の求めに応じて設備に関して助言することができる「建築設備士」という資格も建築士法に定められています。

●電気設備を工事するための資格

　電気設備の工事をするのに必要な資格が、「電気工事士」です。電気工事士は電気工事士法で定められている資格で、第一種と第二種があります。第二種電気工事士は変電設備を持たない小規模な建物の工事に従事することができ、第一種電気工事士は、最大電力500kW未満の変電設備を持つ建物の工事に従事することができます。

　また、電気工事士の資格がなくても、一定の要件を満たせば、一部の工事に従事できる「認定電気工事従事者」という資格もあります（表1-4-1）。このほかに、ネオンサインや非常用発電機の工事に従事するための「特殊電気工事資格者」というものもあります。

　なお、最大電力が500kW以上の場合は、「電気主任技術者」が工事を監督する必要があるのですが、この場合は、直接工事に携わる人が電気工事士の資格を持っていなくても構いません。

表 1-4-1　電気工事士の資格と範囲

	一般用電気工作物	自家用電気工作物	
	戸建住宅、小規模店舗など低圧で受電する建物の電気設備	変電設備のあるビルや工事など高圧で受電する建物の電気設備 （最大電圧 500kW 未満）	（最大電圧 500kW 以上）
第一種電気工事士	○	○	電気工事士法の対象外 (電気主任技術者の監督下で工事)
第二種電気工事士	○	×	
認定電気工事従事者	×	× 簡易電気工事 (電路を除く低圧部分の工事) のみ	

●電気設備を管理するための資格

　電気設備を管理するのに必要な資格が、「電気主任技術者」です。電気主任技術者は電気事業法で定められている資格で、第一種、第二種、第三種があります。第一種電気主任技術者は、すべての電気工作物（建物の電気設備のほか、電力会社の発電所や変電所、送配電設備などを含む）において、運用や維持管理の監督者になることができます。第二種電気主任技術者は、監督者となれるのは電圧 17 万 V 未満まで、第三種電気主任技術者は電圧 5 万 V 未満までとなっています（表1-4-2）。

表 1-4-2　電気主任技術者の資格と範囲

	5 万 V 未満の 事業用電気工作物 (出力5千kW以上の発電所を除く)	17 万 V 未満の 事業用電気工作物	すべての 事業用電気工作物
第一種電気主任技術者	○	○	○
第二種電気主任技術者	○	○	×
第三種電気主任技術者	○	×	×

　なお、最大電力 500kW 未満の事業所で電気主任技術者の資格者がいない場合には、所轄の（経済産業省）産業保安監督部の許可を受けて電気工事士を電気主任技術者として選任するという制度（許可選任と呼ばれる）もあります。

❗ なぜ、500kW以上では電気工事士資格が不要なのか？

　電気工事に携わるためには電気工事士の資格が必要ですが、1-4節で述べたように、最大電力が500kW以上の場合には、電気工事士の資格は不要です。規模が大きくなるのに資格が不要になるというのは、一般的な感覚からすると矛盾しているように思えます。なぜ、このようになっているのでしょう。

　元々、電気工事士の資格は、低圧で受電する小規模な建物や施設の電気工事だけを対象としたものでした。高圧で受電する建物では、電気主任技術者が電気設備の保安や工事に関して監督責任を負っているので、わざわざ工事に携わる人の資格を定める必要はないと考えられていたのです。ところが、昭和60年代に入って、高圧受電の中小規模のビルや工場で電気工事の不備による事故が増えてきたため、昭和62年に電気工事士法を改正して、最大電力500kW未満の高圧受電の建物や施設の電気工事も、電気工事士でなければ携われないように規制が強化されたのです。しかし、最大電力500kW以上の建物や施設では、事故発生率が低いため、以前と同じように電気工事士でなくても工事に携わることが許されています。

　大規模なビルや工場では、設備管理専門のスタッフが常駐していて、電気設備の保安や工事が自主的にしっかり管理されているものです。それに対して、中小規模のビルや工場では、専門の管理スタッフがいることは稀で、ずさんな管理状態にあることも多いのが実情です。電気工事士法では、このような実情を踏まえて、最大電力500kW未満を適用対象としているのです。

第2章

受変電設備

電力会社から高い電圧で供給された電気は、
使用目的に応じた電圧に変える必要があります。
この章では、電圧を変換して配電する
受変電設備を説明します。

2-1 建物への電気の引き込みはどうなっているのか？

●引き込む電気の種別とは？

　電気を引き込む場合、建物や施設でどれくらいの電気を使うかによって、引き込む電圧が変わります。一般的な家電製品やパソコンなどは100Vのコンセントを使いますから、引き込む電気も100Vでよいのですが、大量の電力を使う規模の大きい建物の場合は、100Vより高い電圧で引き込むことになります。

　電気の大きさ（パワー）を示すのが電力です。電力は電圧と電流の積で表されます。同じ電力なら、電圧が低いほど電流は大きくなり、反対に、電圧が高ければ電流は小さくなります。大きな電流を流すには太い電線が必要ですが、小さな電流は細い電線で流すことができます。

　同じ電力を送るなら、電圧が高いほど電流は小さくなり、細い電線で送電できるので経済的なのです。

　一般的には、電力会社と電気の使用者との間で決められる契約電力の値によって、引き込む電圧が段階的に変わります。

　契約電力が50kW未満の場合は、低圧（100Vや200V）で引き込む（受電する）ことになります。契約電力が50kW以上の場合は、高圧（6kV）での引き込みとなり、契約電力が2,000kW以上になる場合には、特別高圧（2万V、3万V、6万Vなど）での引き込みとなります（表2-1-1）。

表2-1-1　契約電力と受電電圧

契約電力	50kW未満	50kW以上 2,000kW未満	2,000kW以上
受電電圧	【低圧】 1∅2W 100V 1∅3W 200/100V 3∅3W 200V	【高圧】 3∅3W 6kV	【特別高圧】 3∅3W 2万V 3∅3W 3万V 3∅3W 6万V など

●特別高圧と弾力運用

特別高圧で引き込むのは、数万㎡クラスの大規模な建物や施設に限られます。そのような建物や施設の場合は、電力会社側の配電施設でも個別に対応する必要が出てくるため、建設や運用、維持管理などについて、電力会社と詳細に協議することになります。

例えば、契約電力が2,000kWを少しだけ越えそうな場合、本来は特別高圧での引き込みになるのですが、電気使用者と電力会社との話し合いで、高圧で引き込むケースもあります。このように、本来の規定通りでなく、ケースバイケースで柔軟に対応することを「弾力運用」といいます。

●住宅の引き込みは100Vか200V

住宅の場合は、引き込む電気の電圧は100Vか200Vです。一般的な家電製品は100Vの電気を使いますが、最近の住宅では、大型のエアコンやIHクッキングヒーターなどで200Vの電気を使うことが増えています。100Vで引き込んでいる場合は、200Vの機器を使うことができません。そこで、単相三線式200Vという方式を使います。この方式を使うと、100Vと200Vを同時に使うことができるので便利なのです。

なお、単相三線式200Vは、一般的には1φ3W200/100Vと表記されます。また、通常使われる100Vは、詳しくいうと単相二線式100Vなので、1φ2W100Vと表記されます。

図2-1-1　単相三線式200Vと単相二線式100V

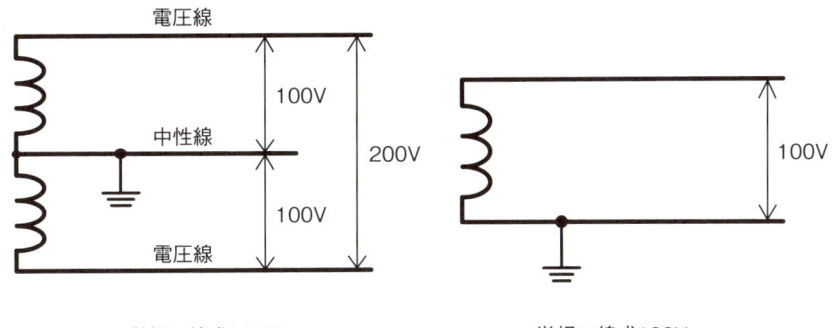

単相三線式200V　　　　単相二線式100V

●小規模工場では三相200V

　事務所用の大型エアコンや工場で使う工作機械の多くは、三相200Vの電気を使います。建物が受電する電気は交流といって、電圧が正弦波（サインカーブ）状に変化しています。照明や家電製品の電源は、単相交流といって、1つの正弦波だけを使うのですが、三相というのは、位相（正弦波の変化のタイミング）をずらした3つの正弦波の電圧を使うものです。三相交流を使うと、簡単に大きな出力のモーターを回すことができます。そのため、ビルの空調機器や給排水ポンプ、エレベーター、生産機械などは三相200Vが使われるのです。

　三相交流を使う機器のある建物や工場などでは、照明やコンセントに使う100Vや200Vのほかに、三相200Vの電気も引き込む必要があります。

　小規模なビルや工場では、単相三線式200Vと三相200Vを引き込むことになるわけですが、それぞれの契約電力を合算して50kW以上になる場合には、高圧（三相三線式6kV　3φ3W6kVと表記される）での引き込みとなります。

●電気はどこから引き込む？

　どんな建物や施設も、必ず外部から電気を引き込んでいます。では、どんなふうに電気を引き込んでいるのでしょうか。

　電気の引き込みを考える前に、水道やガスの引き込みを考えてみましょう。公共の上下水道や都市ガスが整備されている地域では、道路の下に上下水道やガスの配管（本管）が埋設されていて、各建物には、それぞれの配管から分岐した細い配管が引き込まれています。本管が地中に埋設されているので、各建物にも地中から引き込まれるのが普通です。

　電気の場合も、道路の下に電力会社の配電線が埋設されている地域では、水道やガスと同じように、地中から引き込まれることになります。配電線が地中に埋設されていない地域では、道路上の電柱に敷設された架線から引き込まれることになります。地中から引き込むことを「地中引き込み」、電柱に敷設された架線を引き込むことを「架空引き込み」といいます。

　全国的にみると、電線が地中化されているのはごくわずかな地域に限られ

ていますから、ほとんどの地域では架空引き込みになります（図 2-1-2）。

● 戸建て住宅や小規模ビルなら低圧架空引き込み

　戸建て住宅や店舗、小規模ビルなどの場合は、道路上の電柱に敷設されている低圧の電気を建物の壁から引き込むのが一般的です。単相三線 200V と三相 200V を引き込む場合は、引き込み線は 2 本になります。引き込まれた電線は、建物内の分電盤に接続されます。分電盤とは引き込んだ電気を、配線用遮断器（ブレーカー）を介して複数の分岐回路に分けるために設置されるものです。

　なお、建物の見栄えが悪くなるという理由から、外壁に電線を引き留めることが嫌われることもあります。そのような場合は、敷地内に「引き込み柱」と呼ばれる電柱を建てることもあります。いったん、架線を引き込み柱に引き留めて、そこから地中に埋設して建物内に引き込むのです。低圧架空引き込みで使われる引き込み柱は細い電線を引き留めるだけなので、道路上にあるようなコンクリート製の太い電柱を使う必要はなく、細くて高さも低めの鋼管製ポールなどが使われます（図 2-1-3）。

図 2-1-2　低圧架空引き込み

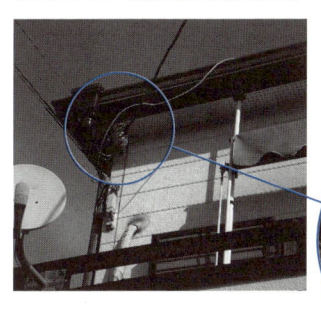

図 2-1-3　鋼管製の引き込み柱を使った低圧架空引き込み

（写真提供：パナソニック電工㈱）

●高圧架空引き込みなら引き込み柱が必要

　高圧架空引き込みの場合は、引き込む建物や施設の敷地内に引き込み柱を設けます。引き込み柱には、責任分界点となる開閉器が取り付けられます。なお、高圧架空引き込みでは、低圧引き込みに比べて、引き込む架線も太くなり、開閉器などの機器が取り付けられるため、引き込み柱には、道路上で見かけるようなコンクリート製の電柱が使われます（図2-1-4）。

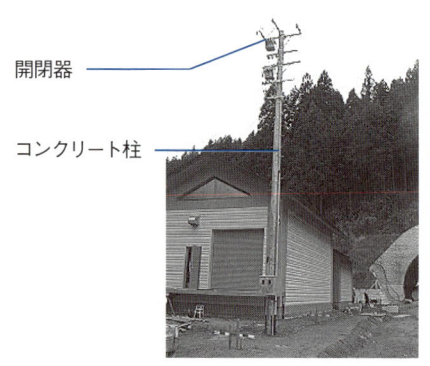

図 2-1-4　高圧受電の引き込み柱

（写真提供：久保誠電気興業㈱）

●高圧地中引き込み

　東京電力管内で高圧地中引き込みとなる場合には、敷地内に高圧キャビネット（通称「パイキャビ」。内部の配線がπ型になっていることからこう呼ばれる）を設置します（図2-1-5）。高圧キャビネット自体は東京電力が設置するものですが、このキャビネットの中に、電気使用者（電力会社からは「需要家」と呼ばれる）が、責任分界点となる開閉器を設置します。一般的には、この開閉器として高圧交流ガス負荷開閉器（UGS　Underground Gas Switch）が使われます。

図 2-1-5　高圧キャビネット

高圧キャビネットの外観

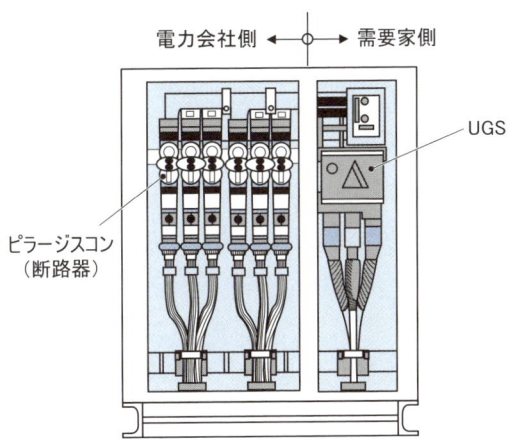

高圧キャビネットの内部

> **❗ 低い地中化率**
>
> 　欧米に比べると、日本は電線の地中化が遅れているといわれています。ロンドンやパリでは、道路は100%無電柱化されています。日本国内では、電力会社の配電線が地中化されているのは、東京都心や一部の地方都市中心部に限られています。2009年度末時点の東京23区内の配電線の地中化率は45.6%ですが、東京電力管内全体では9.7%、関西電力管内では7.6%に過ぎません。

2-2 引き込み柱には何が取り付けられているのか

●責任分界点となる PAS

　高圧電力を架空で引き込む場合、前述の通り、一般的には、建物や施設の敷地内に引き込み柱という電柱を建てます。道路や歩道に建てられている電柱のほとんどは、電力会社が設置したものですが、電気を引き込む際に敷地内に建てる電柱は、建物の所有者が設置します。

　引き込み柱には、電力会社と需要家（電力会社から見た電気使用者）の責任分界点となる開閉器として、高圧柱上気中開閉器（PAS：Pole mounted Air Switch「パス」と呼ばれる）などが取り付けられます（図2-2-1）。

　PASは、建物や施設で電気的な事故が起こった際に、その事故が電力会社の配電網に波及しないように、電気を遮断するという役割を負っています。そのため、PASには、事故が起きたことを検出して自動的に開閉器を遮断する機構（SOG制御装置）が付随しています。

●雷の侵入を防ぐ避雷器

　架空引き込みの場合は、架線に、雷による異常電圧がかかる恐れがあるので、この異常電圧が建物内に入り込まないようにするための措置が必要になります。異常電圧の侵入を防ぐのが避雷器（LA：Lightning Arrester「エルエー」や「アレスター」と呼ばれる）という装置です。避雷器は、異常電圧がかかった際に、その異常電圧を大地に逃がすという役割を果たします（図2-2-1）。

　架空引き込みでは、引き込み柱に避雷器を設ける場合と、電気室やキュービクルに避雷器を設ける場合があります。引き込み柱に避雷器を設ける場合には、避雷器を内蔵したPASが使われることもあります。

●電話やケーブルテレビの引き込みにも使われる

　引き込み柱を建てて架空で電力を引き込む場合、しばしば、同じ引き込み柱を使って電話やケーブルテレビも一緒に引き込まれます。その場合、引き込み柱の上部が電力引き込みに使われ、下部が電話やケーブルテレビに使われます。道路や歩道に設置されている電柱も同じで、人が触れると感電する危険がある電力を上にしているのです。

　電話やケーブルテレビを架空で引き込む場合も、引き込み柱にそれぞれ専用の避雷器が取り付けられるのが一般的です。

図2-2-1　高圧引き込み柱の例

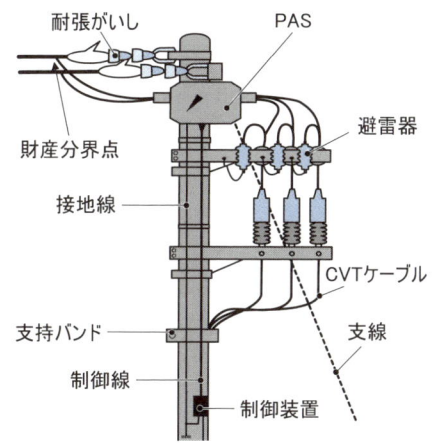

> **！ SOG制御装置**
>
> 　SOGは、蓄勢（Storage）、過電流（Over current）、地絡（Ground）の頭文字をとったものです。SOG制御装置は、地絡事故の際にはPASをトリップさせますが、過電流や短絡を検出した際には、すぐに開閉器を動作させずに蓄勢し（動作を止めておき）、電圧がなくなってから開閉器を動作させるという機構をもっています。PASには大電流を遮断する能力がないため、電流が流れなくなるまで待ってから開閉器を動作させるのです。

2-3 電気室の中はどうなっているのか

●電気室とは

　建物や施設の管理者や電気工事関係者など、限られた人しか立ち入ることのない部屋が「電気室」です。一般の人が立ち入ることがないような、ビルの地下の奥にあって、大きな鉄の扉に「高電圧」「関係者以外立ち入り禁止」などと表示されていて、なんだか物々しい雰囲気です。電気室の中は一体どうなっているのでしょうか。

　電気室には「受変電設備」が置かれています。受変電設備は、電力会社から送られてくる高圧や特別高圧の電力を受けるための「受電設備」と、受け取った高圧や特別高圧の電力を100Vや200Vの低圧に変圧するための「変電設備」で構成されています（図2-3-1）。

図2-3-1　開放型電気室の内部

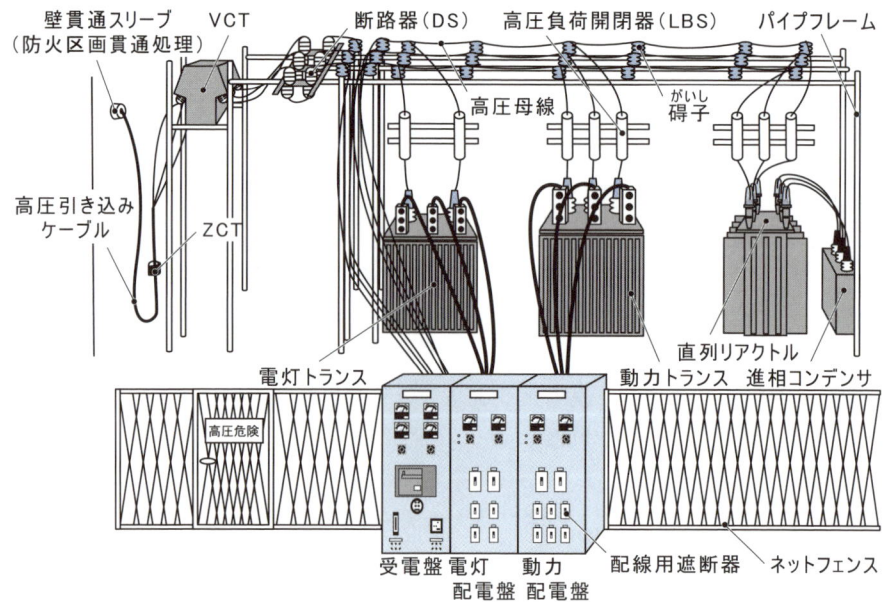

●受電設備とは

　受電設備とは、電力会社から引き込んだ電力を受けるための設備です。受電設備は、「VCT」（Voltage Current Transformer 計器用変圧変流器）と呼ばれる電力会社が電気使用量を計るために電圧や電流を検出する部分、事故時に電力を遮断するための受電遮断器、事故を検出して遮断器を動作させるための保護継電器、電圧・電流・力率などを計る計器類等で構成されています（図2-3-2）。

図2-3-2　キュービクル形受変電設備の受電盤の例

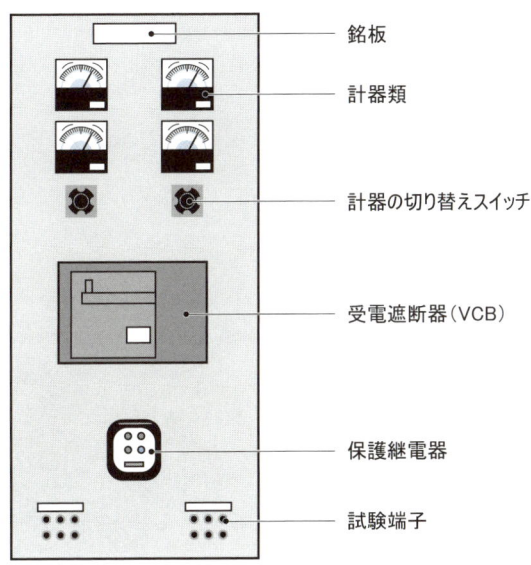

> **VCT（計器用変圧変流器）の昔の名前**
>
> 　VCTは以前、高圧受電ではPCT（Potential Current Transformer）、特別高圧受電ではMOF (Metering Outfit) と呼ばれるのが一般的でした。現在では国際規格※に合わせてVCTと表記されるようになっていますが、今でも日常的にはPCTやMOFという言葉が使われることもあります。

※ IEC: International Electrotechnical Commission 国際電気標準会議

●受電遮断器の種類と形式

遮断器にはガス遮断器、油遮断器、空気遮断器などさまざまな種類があり、それぞれ機構や動作原理が異なります。一般的な高圧受電で遮断器として使われるのは、「高圧真空遮断器（VCB：Vacuum Circuit Breaker）」です。VCB は、真空の優れた絶縁耐力を生かした遮断器で、電極部分が真空の容器に納められています。

なお、変圧器容量が 300kVA 以下の受変電設備では、受電部に遮断器を設けず、代わりに開閉器とヒューズを設けるという場合もあります。この形式を「PF-S 形」といいます。PF は電力ヒューズ（Power Fuse）、S は開閉器（Switch）を意味します。これに対して、VCB などの遮断器を設ける形式を「CB 形」といいます。CB は遮断器（Circuit Breaker）を意味します（図 2-3-3）。

特別高圧受電では、VCB のほか、ガス遮断器（GCB：Gas Circuit Breaker）もよく使われます。ガス遮断器は、絶縁性の高い SF6（六フッ化硫黄）ガスを用いた遮断器です。

図 2-3-3 「PF-S 形」と「CB 形」

PF-S 形で使われる高圧負荷開閉器（LBS、閉開器とヒューズで構成されている）

CB 形で使われる高圧真空遮断器

（写真提供：富士電機機器制御㈱）

●変電設備とは

変電設備は、受電した高圧や特別高圧の電力を低圧に変圧する変圧器、変圧器を保護するためのヒューズや開閉器、遮断器、低圧に変圧された電力を送り出す配電盤などで構成されています（図 2-3-4）。

図 2-3-4　キュービクル形の変電設備

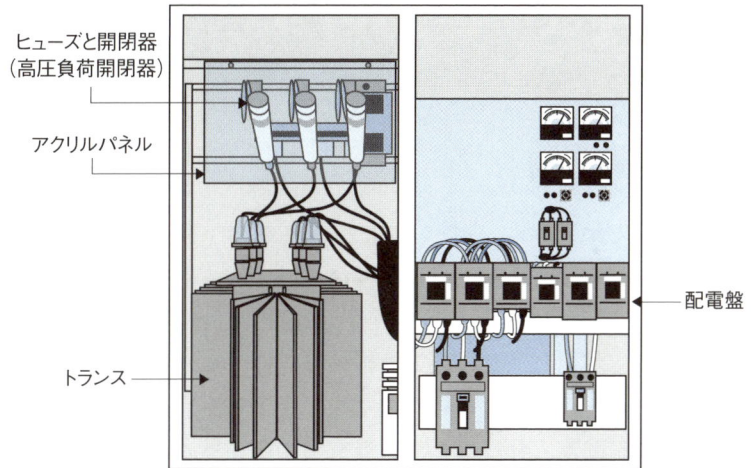

●受変電設備の形態

　受変電設備は屋内または屋外に設置され、形態には、開放形（オープンタイプ）と閉鎖形（キュービクルタイプ）があります。

　開放形の受変電設備は、電気室内や屋外に立てたパイプフレームに受変電機器を取り付け、電線や導体を接続して組み立てられます。閉鎖形の受変電設備は、受変電機器を鋼板製の箱の中に組み込んだもので、あらかじめ配電盤メーカーの工場で組み立てられたものを建物内に運び込んで受変電設備とします。閉鎖形受変電設備は、一般に「キュービクル」と呼ばれています。

　閉鎖形の受変電設備は、機器や充電部が鋼板で覆われているので、感電する心配はありません。一方、開放形の受変電設備は、機器や充電部がむき出しの状態のため、人が触れると感電してしまい大変危険です。そのため、開放形受変電設備では、機器や充電部をネットフェンスなどで囲う必要があります（表2-3-1）。

表 2-3-1　受変電設備の形態

		形態による分類	
		開放形	閉鎖形
設置場所による分類	屋外設備	屋外開放形	屋外閉鎖形
	屋内設備	屋内開放形	屋内閉鎖形

2-4 キュービクルとは

●キュービクルとは？

　電気設備の話では、「キュービクル」という単語が頻繁に登場します。この「キュービクル」とは一体何でしょうか。
キュービクルとは元々、「cubicle」という英単語で、「小さく仕切られた部屋」を意味します。しかし、一般に電気設備の世界で「キュービクル」というと、鋼板製の箱に納められた受変電設備を意味します。高圧遮断器や変圧器、保護継電器、低圧配電盤、計器類など、電気室の中に置かれるべき受変電機器類をユニット化して、鋼板製の箱の中に組み付けたものがキュービクルです。
　JIS（日本工業規格）には、「キュービクル式高圧受電設備」という規格があります。この規格の中で、キュービクル式高圧受電設備のことを「キュービクル」と称しています。また、JEM（日本電機工業会規格）には、「金属閉鎖形スイッチギア及びコントロールギア」という規格があります。「スイッチギア」や「コントロールギア」とは、日本語でいえば「開閉装置」や「制御装置」です。金属製閉鎖形スイッチギア及びコントロールギアというのは、わかりやすくいえば、鋼板製の箱に納められた高圧遮断器や保護継電器、低圧配電盤、計器類のことで、要するに、鉄の箱でつくられた受変電設備を意味しています。この規格の中に、「キュービクル形スイッチギア及びコントロールギア」というものが規定されています。
　なお、JISやJEMの規格に準拠していなくても、鋼板製の箱に納められている受変電設備は、一般的にキュービクルと呼ばれています。
　キュービクルは受変電設備ですから、建物内の電力供給の心臓部にあたります。キュービクルを起点として、建物内の隅々まで電気が送り届けられているのです。

●キュービクルを使うと安全性が向上する

　一定規模以上の建物や施設の受変電設備では、6000V以上の高い電圧を扱っています。そのため、受変電機器類に誤って触れると、感電する恐れがあり、最悪の場合は命を落とす危険性もあります。また、間違って操作すると停電事故につながります。

　キュービクルは、高圧の受変電機器類を鋼板製の箱の中に納めているので、表面には充電部（電圧がかかっている部分や電流が流れている導体）が露出していません。鋼板製の箱の表面を手で触れても感電することはありません（図2-4-1）。屋外に置かれるキュービクルの場合は、操作スイッチ類も箱の中に納められていて、外から触れることができないようになっています。ですから、誤って操作されたり、いたずらされたりする恐れもありません（図2-4-2）。

　このように、機器類を鋼板の箱に納めたキュービクルを使うことで、感電や誤操作を防いで、受変電設備の安全性を高めることができるのです。

図2-4-1　屋内型キュービクル

図2-4-2　屋外型キュービクル

（写真提供：森井電業㈱）

●キュービクルを使うと工事が楽になる

　キュービクルは配電盤メーカーの工場で作られます。工場で組み立てられたキュービクルを運んできて屋上に置いたら、あとはキュービクルと建物側の配線をつなぐだけで受変電設備ができ上がるのです（図2-5-1、図2-5-2）。もし、キュービクルを使わなければ、建物内の電気室の中で受変電機器を組み付けて、それらの機器をつなぐ配線作業をやらなければなりません。

　料理でたとえるなら、出来合いの惣菜を買ってくるか、食材を買い集めて自分で調理するかの違いです。当然、出来合いの惣菜を買ってくるほうが楽ですし、時間もかかりません。

　工場でつくられたキュービクルを使うことで、建設工事現場での作業の省力化と工期の短縮化を図ることができるのです。

●受変電設備のほかにもあるキュービクル

　一般に、キュービクルといえば受変電設備を指すことが多いのですが、そのほかの設備でも、鋼板製の箱に納められた機器を「キュービクル」と呼ぶことがあります。

　例えば、防災設備の電源として使われる非常用発電機などで、エンジン、発電機、制御盤などを一体化して鋼板製の箱に納めたものはキュービクル型発電機と呼ばれます。消火用のポンプなどでも、ポンプ本体と周辺機器を一体化して鋼板製の箱に納めたものは、キュービクル型消火ポンプと呼ばれます。これらを扱う業者の人が、これらの機器を指して、単に「キュービクル」と呼んでいることもあります。

　工事現場の中で、電気設備以外の工事関係者が「キュービクル」と言っている場合は、受変電設備以外のものを意味している場合がありますから、注意が必要です。

図 2-5-1　屋外型キュービクルの内部

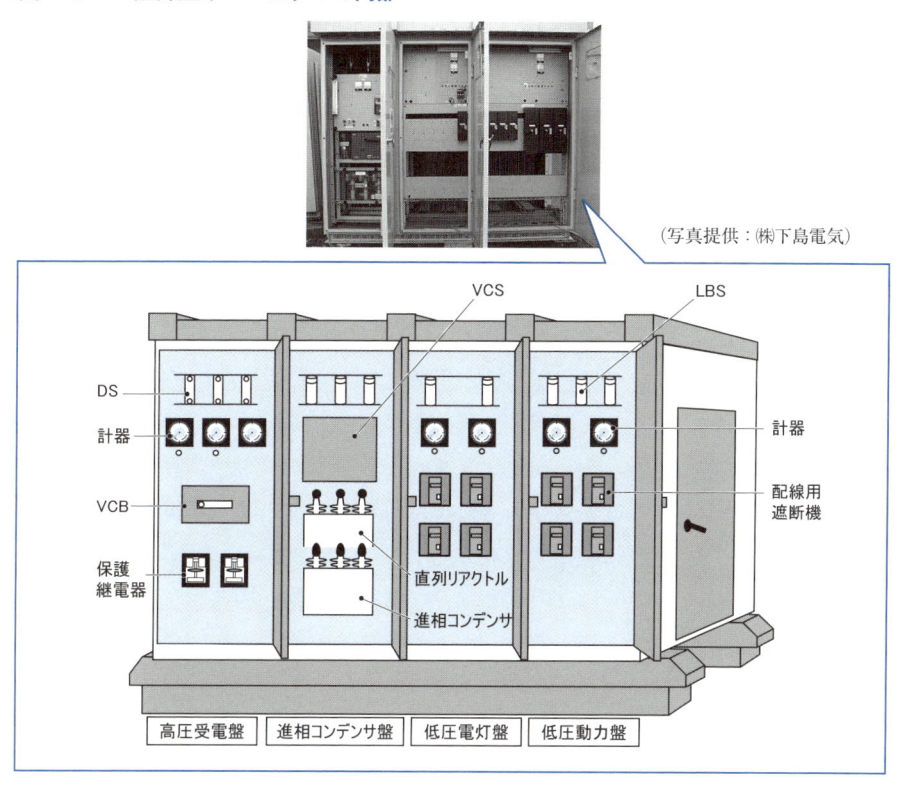

(写真提供：㈱下島電気)

2・受変電設備

図中ラベル：
- DS
- 計器
- VCB
- 保護継電器
- VCS
- LBS
- 計器
- 配線用遮断機
- 直列リアクトル
- 進相コンデンサ

盤区分：高圧受電盤 ｜ 進相コンデンサ盤 ｜ 低圧電灯盤 ｜ 低圧動力盤

図 2-5-2　キュービクルの結線図例

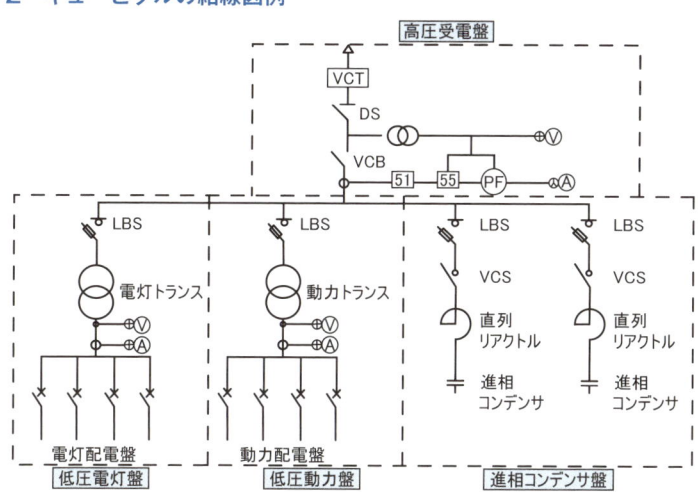

高圧受電盤
- VCT
- DS
- VCB
- 51, 55, PF

低圧電灯盤：LBS、電灯トランス、電灯配電盤
低圧動力盤：LBS、動力トランス、動力配電盤
進相コンデンサ盤：LBS、VCS、直列リアクトル、進相コンデンサ（2系統）

2-5 変圧器の役割と種類①

●変圧器（トランス）とは

　電力会社から受電した高圧や特別高圧といった高い電圧の電力を100Vや200Vのような低圧の電力に変圧するのが変圧器（トランス）です。トランスにはさまざまな種類があり、電気の使用目的によって使い分けられます。照明やコンセントに使う単相100Vが必要なら単相トランスを使います。空調設備や生産機械に使う三相200Vが必要なら三相トランスを使います。

　なお、建物の変電設備で使われる標準的なトランスでは、二次側（出力側）の電圧は、配線による電圧降下（配線の抵抗によって電圧が低下すること）を考慮して、少し高めに設定されています。例えば200Vの電圧を得る場合は、トランスの二次電圧は210Vとなり、100Vを得る場合は、105Vとなります。

●電灯トランスと動力トランス

　高圧受電で使われる単相トランスは、一般的には、「電灯トランス」と呼ばれます。電灯トランスの二次電圧は単相三線210/105Vで、単相200Vと単相100Vを同時に取り出すことができ、照明器具やコンセントの電源として使われます（図2-5-1）。

　三相200Vのトランスは「動力トランス」と呼ばれます。動力トランスの二次電圧は三相三線210Vで、三相200Vの空調機器や給排水ポンプ、エレベーターなどの電源として使われます（図2-5-2）。

　動灯トランスは、1つのトランスで電灯トランスと動力トランスを兼ねたもので、単相三線210/105Vの出力端子と、三相三線210Vの出力端子をもっています。小規模なビルや工場などで、電灯トランスと動力トランスを別々に設置するほどの負荷容量にならない場合や、キュービクルをコンパクトに収めたい場合などに使われます。

● **スコットトランス**

　自家用非常用発電機で発電された三相三線200Vの電力を、照明やコンセントの電源として使う際に用いられるのがスコットトランスです。スコットトランスではスコット結線という結線方式が使われており、三相の電力を二相に変換します。具体的には、三相三線200Vから2つの単相二線100Vを取り出すことができます（図2-5-3）。

　取り出された2つの単相二線100Vを同じ負荷容量にすると、元の三相三線200Vの3本の線に流れる電流のバランスをとることができます。

図2-5-1　電灯トランスの結線

一次側は
三相三線6,600V
のうちの一相

6,600V

105V
105V
210V

二次側は
単相三線
210V/105V

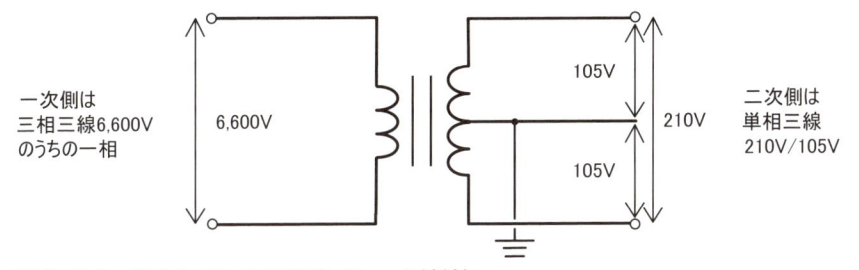

図2-5-2　動力トランスの結線（人－Δ結線）

一次側は
三相三線
6,600V

6,600V
6,600V
6,600V

210V
210V
210V

二次側は
三相三線
210V

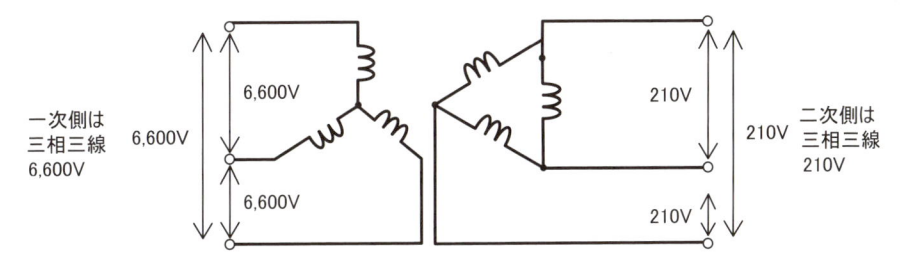

図2-5-3　スコットトランスの結線

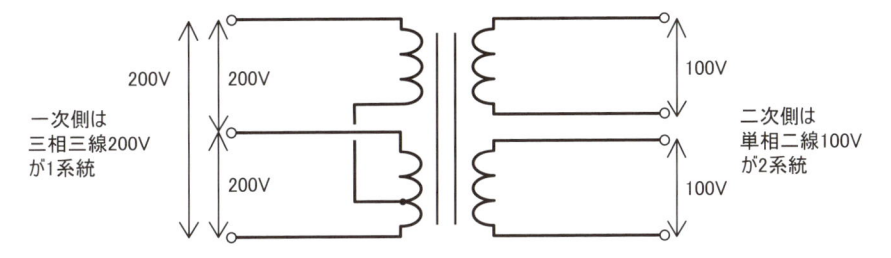

一次側は
三相三線200V
が1系統

200V
200V
200V

100V
100V

二次側は
単相二線100V
が2系統

2-6 変圧器の役割と種類②

● 400V のトランス

　特別高圧で受電するような大規模な建物や、大型機械を使う工場などでは、三相400V で稼働する機器が使われることがあります。三相400V を使うと三相200V よりも大きな出力のモーターを回すことができます。また、同じパワーなら200V よりも400V のほうが電流は小さくなり、機器の損失も少なくて済みます。三相400V を使う機器がある場合には、三相400V のトランスを設ける必要があります。

　特別高圧で受電する場合は、特別高圧から直接400V に変圧するトランスもよく使われます。

●油入トランス・乾式トランス・ガス絶縁トランス

　トランスは巻線や鉄心で構成されているのですが、これらは電気的に絶縁する必要があります。トランスは絶縁方法により、油入トランス（図2-6-1）、乾式トランス、ガス絶縁トランスに分類されます。油入トランスは内部に絶縁性の鉱物油を満たすことで絶縁します。乾式トランスは絶縁油を用いないもので、代表的なものにモールドトランスがあります（図2-6-2）。モールドトランスは巻線をエポキシ樹脂などで固めて絶縁します。ガス絶縁トランスは絶縁性の高いSF6（6フッ化硫黄）ガスなどを用いて絶縁します。

　一般的な高圧受変電設備では、油入トランスがよく使われています。モールドトランスは、油入トランスよりもコンパクトで、絶縁油の管理（保守点検や交換）が必要なく、油を使用していないので火災の心配がないなどの利点がありますが、油入トランスよりも高価です。ガス絶縁トランスは、モールドトランスと同様に、油入トランスよりもコンパクトで、火災の心配がないなどの利点があり、特別高圧受電設備でよく使われます（図2-6-3）。

図 2-6-1　油入トランス

図 2-6-2　モールドトランス

（写真提供：東芝産業機器製造㈱）

図 2-6-3　ガス絶縁トランス

（写真提供：㈱東芝　電力流通・産業システム社）

2-7 進相コンデンサと力率改善①

●力率とは

　電力会社から送られてくる電力は交流です。交流は電圧が正弦波（サインカーブ）状に変化し、それに伴って電流も正弦波状に変化します。正弦波の変化のタイミングを表すのが位相です。交流の電力では、負荷となる機器の種類によって、電圧と電流の位相にズレが生じます。電圧と電流の位相のズレが起きると、無効電力（有効に仕事をしない電力）が生じて、その分、大きな発電設備が必要になったり送電損失が増えたりするので、電圧と電流の位相のズレを是正する必要があります。

　位相のズレ具合は「力率」で示されます。力率は位相のズレの余弦（cos ∅）で表され、位相のズレがない状態なら力率100％となります。

●力率を悪くするもの

　例えば、白熱電球のようにフィラメントの抵抗しかないような負荷なら、電圧と電流の位相はずれません。電圧と電流の位相をずらすのは、コイル（誘導性負荷）やコンデンサ（容量性負荷）が含まれている負荷です。

　コイルには電流の位相を電圧より遅らせる（力率を遅らせる）作用があります。コンデンサはコイルとは逆で、電流の位相を電圧より進ませる（力率を進ませる）作用があります。

　空調設備や給排水ポンプ、エレベーター、生産機械など、ビルや工場で使われる機器にはたくさんのモーターが使われています。モーターは電気的にみると誘導性負荷なので力率を遅らせる作用があります。

●力率の遅れを改善する進相コンデンサ

　ビルや工場の受変電設備では、モーター類による力率の遅れを改善するために、力率を進ませる作用のあるコンデンサを設置します。それが「進相コンデンサ」です（図2-7-1）。

モーターなどの誘導性負荷の容量に応じてコンデンサを設置することで、力率を改善する（100％に近づける）ことができるのです。
　なお、進相コンデンサの設置のしかたには、建物全体でまとめて力率を改善するために受変電設備の高圧部に設ける方法のほかに、各モーター類で力率を改善するために、それぞれの機器の電源供給元となる制御盤内に低圧のコンデンサを設ける方法があります。

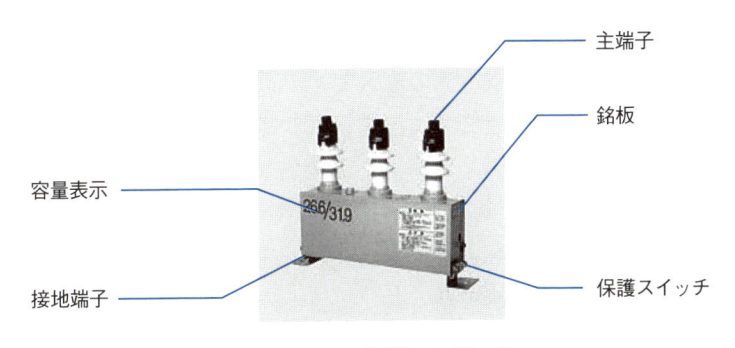

図 2-7-1　進相コンデンサ

（写真提供：日新電機㈱）

> **❗ 力率を改善すると電気料金が安くなる**
>
> 　力率が悪い（電圧と電流の位相のズレが大きい）状態は、発電設備に負担がかかったり、送電損失が増えたりするので、電力会社にとっては望ましいことではありません。電力会社は需要家（電気使用者）にできるだけ力率を改善して欲しいのです。そこで、電力会社では、需要家の力率に応じた電気料金の割引きや割増しを設定しています。
> 　例えば、東京電力では高圧受電の需要家に対して、力率が85％を1％上回るごとに基本料金を1％割引きし、反対に、85％を1％下回るごとに基本料金を1％割増しするように設定しています。

2-8 進相コンデンサと力率改善②

●直列リアクトルとは

　前述の通り、力率改善のためには進相コンデンサが設置されるのですが、進相コンデンサを設置することで引き起こされる不都合もあります。その1つが、コンデンサへの高調波電流の流入です。高調波電流とは電子回路などから発生する、基本波の整数倍の周波数をもつ電流です。この高調波がコンデンサに流れ込むと、コンデンサが異常に発熱したり、燃えたりすることがあります。このような障害を防ぐために設置するのが直列リアクトルです（図2-8-1）。直列リアクトルをコンデンサの一次側（電源側）に直列に接続することで、高調波の流入を低減することができるのです。

●自動力率調整とは

　力率は負荷（電気を使用する機器）の大きさによって変化します。一般的には、負荷が少ない状態より、負荷が多い状態のほうが力率は悪くなります。進相コンデンサの容量は、負荷が最大になったときでも力率を改善できるように選定されます。しかし、負荷が少ないときに最大負荷に合わせたコンデンサを接続したままにしていると、力率が進み過ぎ（100%を超え）てしまいます。力率の進み過ぎは電圧上昇を引き起こすので、これも望ましくありません。そこで、コンデンサをいくつかに分けて、負荷の状態に合わせて投入する台数を自動的に調整するという方法がとられます。これを自動力率調整といいます。

　自動力率調整では、コンデンサを自動的に投入したり切り離したりするのですが、投入する瞬間には、突入電流という大きな電流が流れます。前述の直列リアクトルには、この突入電流を抑制する働きもあります（図2-8-2）。

図 2-8-1　直列リアクトル

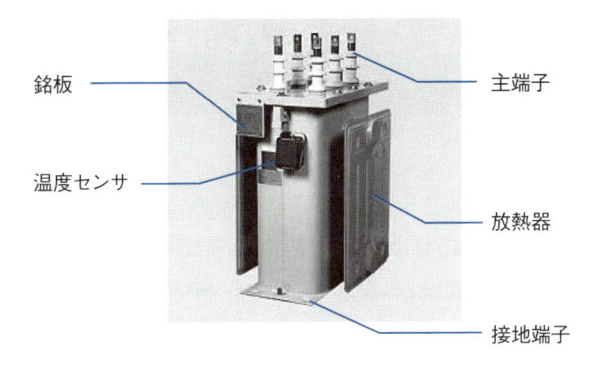

銘板
温度センサ
主端子
放熱器
接地端子

(写真提供：日新電機㈱)

図 2-8-2　自動力率調整（進相コンデンサ3バンクの例）

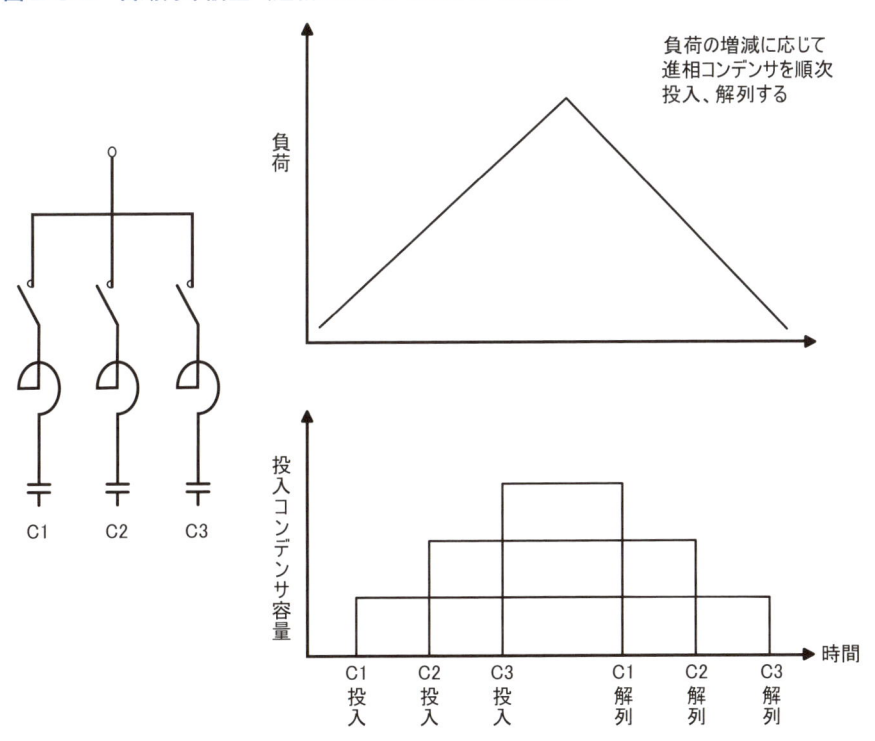

C1　C2　C3

負荷

負荷の増減に応じて進相コンデンサを順次投入、解列する

投入コンデンサ容量

時間

C1投入　C2投入　C3投入　C1解列　C2解列　C3解列

2-9 配電盤とはどんなものか？

●配電盤は"扇の要"

　変圧器で低圧に変圧された電力は、配電盤で複数の系統に分けられます。配電盤には複数の配線用遮断器（ブレーカー）が取り付けられ、建物内の各所に低圧幹線が送り出されます。たとえるなら、配電盤は扇の要と同じです。

　電灯変圧器の二次側には電灯配電盤があり、電灯配電盤から電灯の低圧幹線が送り出されます。同じように、動力変圧器の二次側には動力配電盤があり、動力配電盤から動力の低圧幹線が送り出されます。基本的には、1台の変圧器に1面の配電盤が対応しますが、配電盤1面だけではブレーカーが納まらない場合は、配電盤が複数に渡ることもあります。また、非常用電源などの特定用途の電源だけで1つの配電盤を構成することもあります。

　配電盤には変圧器1台が供給する全電流が流れるので、電流を流す導体には、電線より断面積の大きな銅の板（「銅バー」または「ブスバー（Bus Bar）」と呼ばれる）が使われます。

●配電盤の形態

　配電盤には、ブレーカーの取り付け方や配線のしかたによって、いくつかの形態があります。

　ブレーカー本体が配電盤の裏側に取り付けられ、配電盤の表面にはブレーカーの操作部（ハンドルやテストボタン）だけが露出するようになっていて、個々のブレーカーの露出部分にカバーが取り付けられているような構造なら、配電盤の表面から充電部に触れることがなく、テストボタンを誤操作する心配もないので、安全性が高くなります（図2-9-1）。しかし、このような構造の配電盤をつくるには手間とコストがかかります。

　ブレーカー本体が配電盤の表面に露出するように取り付けるなら、配電盤をつくる手間とコストは抑えられますが、誤って充電部に触れたりテストボタンを押してしまったりする危険性が高まります。

安全や手間、コストをどう考えるかによって、配電盤の形態は決められます。逆に言えば、配電盤の形態を見れば、安全性を重視してお金をかけているか、コストパフォーマンスを重視しているか、その建物の電気設備に対する設計思想をうかがい知ることができるのです。

図 2-9-1　配電盤の例

ブレーカーの操作部だけが露出した配電盤

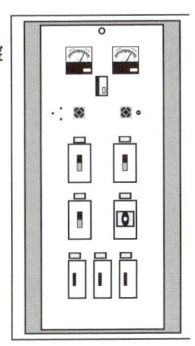

ブレーカーの本体が露出している配電盤

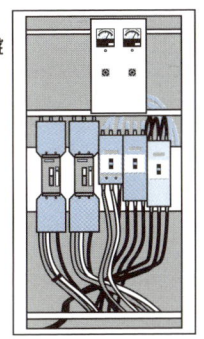

⚠ メーターでもわかる設計思想

　配電盤を見れば、そのキュービクルがどんなグレードか、ある程度は見当をつけることができますが、配電盤を見なくても、グレードを推測できるポイントがあります。その1つがメーターです。キュービクルに取り付けられているメーター類は、扉のガラス窓越しに見えるようになっています。
　メーターには、一般的なメーターと指示する範囲の広いタイプ（広角形）があります。広角形のメーターは、指示数値を読み取りやすいのですが、一般的なメーターよりも高価です。メーターのような末端の部品に高価なものを使っているということは、キュービクル全体、あるいは建物の電気設備全体に高いグレードを設定して設計していると想像することができます。反対に、一般的なメーターが使われていれば、コストパフォーマンスを重視し、メーター以外でも、できるだけコストをかけずに設計していると想像することができるのです。

❗ 電気と水

電気は目で見ることができません。また、手で触れることもできないので、電気の概念をイメージすることは難しいと思われます。少しでもイメージしやすいように、電気を水に置き換えて考えてみましょう。

水は高いところから低いところに向かって流れます。電気も同じで、高いところから低いところに向かって流れます。電気の世界で高さを意味するのが「電位」です。2つの場所の電位に差があると、電位の高いほうから低いほうに電気が流れるのです。電位の差を「電位差」といいます。電位差とは、簡単にいうと電圧のことです。例えば、乾電池の電圧は 1.5V ですが、これは、プラス極とマイナス極との間の電位差が 1.5V あるという意味です。

山の高さを示すのに、海面を基準にして、海抜〇メートルといういい方をしますが、電気の場合は大地（地球）の電位を基準にして（大地の電位をゼロと考えて）電圧を表します。

普通のコンセントは 100V ですが、実はコンセントの2つの極のうち片方は接地されています。（接地とは、文字通り大地に接続されているということです。）コンセントが 100V というのは、大地と、大地に接地されていない極との間の電位差が 100V ということです。

なお、コンセントは直流ではなく交流 100V ですから、電圧は正弦波状に変化しています。コンセントが 100V というのは、実効値が 100V という意味です。実効値とは、簡単にいうと、交流と同じ効果（仕事量）をもたらすことができる直流の電圧値のことです。

高低差があると水が流れ、電位差があると電気が流れます。水の流れは水流といいますが、電気の流れは「電流」といいます。

水力発電所では、ダムで貯めた水を高いところから低いところに流して、その水流の力で発電機を回します。しかし、どんなに高低差があっても、流れる水の量が少なければ、発電機を回すほどのパワーは得られません。水流のパワーは高低差と水量で決まります。高低差（高さ）と水量の掛け算が水のパワー（位置エネルギーや運動エネルギー）になります。電気も同じです。電気のパワーは電位差（電圧）と電流で決まります。電気のパワーは「電力」といい、電力は電圧と電流の掛け算で求められます。

第3章

非常電源設備

電力会社から供給される常用電源が
停電になった場合に
電力を確保するための電源が必要となります。
この章では、そのような非常電源設備を説明します。

3-1 非常電源にはどのようなものがあるのか？

●非常電源とは

　建物で使う電気は、通常は電力会社から供給されています。停電が起きれば、当然、建物の中では電気が使えなくなります。突然、電気が使えなくなっては困るような場合には、何らかの手段によって電力をバックアップすることになります。停電が起きた場合に、電力をバックアップするための設備が非常電源です。非常電源には自家用発電設備や蓄電池設備などがあります。

●法的に必要な非常電源

　一定規模以上の建物には、消防法の規定により、火災が起きた際に自動的に火災を感知して警報を発する自動火災報知設備や、消火栓やスプリンクラーなどの消火設備が設けられています（表3-1-1）。建築基準法では、火災時に煙を排出する排煙設備や、停電時に避難経路に最低限の明かりを確保するための非常用照明などが規定されています（表3-1-2）。これらの設備は、停電が起きても支障なく機能する必要があるので、それぞれの法律により、非常電源を設けることが義務付けられています。

　なお、厳密にいうと、「非常電源」は消防法で使われる言葉で、建築基準法では「予備電源」という言葉が使われています。「非常電源」も「予備電源」も、停電が起きた際に電力をバックアップするための設備を指しています。「非常電源」と「予備電源」をまとめて、「防災電源」と呼ぶこともあります。

表 3-1-1　消防法が定める防災設備と非常電源

防災設備	自家用発電設備	蓄電池設備	専用受電設備[※1]	運転時間
屋内消火栓設備	○	○	△	30分以上
スプリンクラー設備	○	○	△	30分以上
水噴霧消火設備	○	○	△	30分以上
泡消火設備	○	○	△	30分以上
不活性ガス消火設備	○	○		60分以上
ハロゲン化物消火設備	○	○		60分以上
粉末消火設備	○	○		60分以上
屋外消火栓設備	○	○	△	30分以上
自動火災報知設備		○	△	10分以上
ガス漏れ火災警報設備		○		10分以上
非常警報設備		○	△	10分以上
誘導灯		○		20分以上[※2]
排煙設備	○	○	△	30分以上
連結送水管（加圧送水設備）	○	○	△	120分以上
非常コンセント設備	○	○	△	30分以上
無線通信補助設備		○	△	30分以上

○：適用可
△：「特定用途防火対象物以外」と「1,000㎡未満の特定用途防火対象物」に適用可
注記
※1：「専用受電」とは、自家用発電設備や蓄電池設備を設けずに、一定の条件を満たす
　　　受変電設備を非常電源とする方法で、消防法に規定されています。
※2：50,000㎡以上の建物、地上15階以上で30,000㎡以上の建物、1,000㎡以上の地下街などの誘導灯は
　　　60分以上になり、20分を超える部分は、自家用発電設備でバックアップしてもよい。

表 3-1-2　建築基準法が定める防災設備と予備電源

防災設備	自家用発電設備	蓄電池設備	自家用発電＋蓄電池	運転時間
非常用照明（建物）		○	○	30分以上
非常用照明（地下街）	○	○		30分以上
非常用進入口表示灯		○		30分以上
排煙設備	○	○		30分以上
非常用エレベーター	○			60分以上
防火設備（防火扉・ダンパーなど）	○	○		30分以上
非常用排水設備（地下道）	○	○		30分以上

○：適用可

3・非常電源設備

3-2 自家用発電設備にはどんな種類があるのか？

●自家用発電設備の用途による分類

自家用発電設備（通称、自家発）は、発電機と、発電機を回転させるエンジン、制御盤、燃料タンク、消音器（マフラー）、始動用バッテリーなどで構成されています。自家用発電設備には、停電以外の通常時に使うことを目的とした「常用発電設備」と、停電のときだけに使うことを目的とした「非常用発電設備（通称　非発）」があります。また、常用発電設備を停電時にも使えるようにして、非常用発電設備と兼用することもあります（図3-2-1）。

図3-2-1　自家用発電設備の分類

	平常時	停電時
常用	運転	停止
常用・非常用兼用	運転	運転
非常用	停止	運転

自家用発電設備

●オープンタイプとキュービクルタイプ

自家用発電設備も受変電設備と同じように、形態により開放形（オープンタイプ）と閉鎖形（キュービクルタイプ）に分けられます。

オープンタイプは、屋内に発電機室を設ける際に採用されます。エンジンや発電機がむき出しの状態になるので、誤って手を触れると感電したり火傷を負ったりする危険性があります。そのため、発電機室も電気室と同様に、関係者以外は立ち入り禁止にして施錠管理されます。発電機室内には燃料タンクも置かれるので火気厳禁です（図3-2-2）。

キュービクルタイプは、エンジン、発電機、ラジエーター（放熱器）、制御盤、始動用バッテリー、燃料タンクなどが一体となって鋼板製の箱に納め

られています（図3-2-2）。受変電設備のキュービクルと同様に建設現場の工期短縮や省力化になります。屋外や屋上に自家用発電設備を設置する場合には、雨水の侵入を防ぐ箱に納められているキュービクルタイプが使われます。キュービクルタイプには、騒音を抑えるために、鋼板の箱の内側にグラスウールを張り、低騒音形のマフラーを使った「低騒音形」と呼ばれるものもあります。

図3-2-2　オープンタイプ（左）とキュービクルタイプ（右）の自家用発電設備

（写真提供：伊丹市）　　　（写真提供：㈱日立製作所）

●常用発電設備とは

　常用発電設備は、大規模な工場、ショッピングセンター、ホテル、病院などで使われます。大量の電力を使う大規模施設では、電力会社から電気を買うよりも自前で発電したほうが安上がりになります。その場合でも、通常は電力会社から供給される電力と常用発電設備で発電される電力をミックスして使います。このような電力の供給方法を「系統連系（けいとうれんけい）」といいます。

　常用発電設備があれば、全く電力会社に頼らずに発電設備だけで電力をまかなうことも不可能ではありませんが、すべての電力を自家用発電設備だけでまかなうのは経済的ではないのです。発電機は定格出力で運転しているときは効率がよいのですが、出力を落として運転すると効率が悪くなります。施設内の電力需要は季節や時間によって大きく変動するので、発電機の出力を調整すると、効率が落ちて経済的な運転ができなくなってしまうのです。

　また、発電設備が故障や保守点検のために停止することもあります。自家用発電設備だけに頼っていると、故障時や保守点検時には停電してしまいますが、系統連系していれば、電力会社から供給される電力が使えるので、停電することはありません。

●排熱を利用するコージェネレーション

　一般的な自家用発電設備では、ディーゼルエンジンやガスタービンエンジンなどによって発電機を回転させて発電します。エンジンを稼働させると、排気ガスや冷却水などから熱が排出されます。常用発電設備から生じる排熱を捨てずに回収して利用するのが、「コージェネレーションシステム（Cogeneration System、通称コジェネ）」です。コージェネレーションシステムは、電力と熱の２つのエネルギーを同時に取り出すので、「熱電併給(ねつでんへいきゅう)」や「熱併給発電」ともいわれます。

　コージェネレーションシステムが導入されるのは、電力エネルギーとともに大量の熱エネルギーを使用する施設で、具体的には、工場、ホテル、ショッピングセンター、病院などです。

　コージェネレーションシステムの燃料には、都市ガス、ＬＰガス、Ａ重油、灯油などが使われます。

●非常用発電設備の種類

　非常用発電設備は、普段は停止していて、電力会社からの電力供給が途絶えて停電になると自動的に起動し、所定の機器に電力を供給します。非常用発電設備には、ディーゼル発電機やガスタービン発電機などがありますが、最も一般的なのは、比較的安価なディーゼル発電機です。

　ガスタービン発電機は、コンパクトで振動や騒音も比較的小さく、排気中の窒素酸化物（NOx）や硫黄酸化物（SOx）が少ないというメリットがありますが、高価で燃費が悪いというデメリットがあります。

　消防法で定める非常電源の要件を満たす発電設備の場合、停電を検出して発電設備が起動し、電力を供給することができる状態になるまでの所要時間が40秒以内と10秒以内のものがあり、10秒以内のものは「即時形(そくじがた)」といいます。

　また、運転時間の違いにより、「普通形」と「長時間形」に分けられており、普通形は定格出力で１時間連続して運転できるもの、長時間形は１時間を超えて運転できるものとなっています（表3-2-1）。

表 3-2-1　非常用発電設備の分類

形式	電力供給までの所要時間	運転時間
普通形	40秒以内	1時間
長時間形	40秒以内	1時間超
即時　普通形	10秒以内	1時間
即時　長時間形	10秒以内	1時間超

●常用・非常用兼用発電設備

　平常時に稼働しているコージェネレーションシステムなどの常用発電設備を非常用発電設備としても使えるようにしたものが、常用・非常用兼用発電設備です。平常時には、電力会社から供給される電力と系統連系して稼働しますが、火災が発生して停電した際には、一般の機器への電力供給を遮断して、消火設備などの防災設備や電源バックアップが必要な重要機器だけに電力を供給します。常時稼働している発電設備をそのまま非常時にも使うので、発電機が故障して動かないというようなトラブルの心配がありません。

　常用・非常用発電設備の燃料供給には、供給信頼度の高い高圧や中圧の都市ガスを供給する「ガス専焼方式（都市ガス単独供給方式）」と、平常時は都市ガスを供給しておき、非常時には都市ガスからＬＰガスや液体燃料などの予備燃料に切り替える「予備燃料方式」があります。

> **！ 発電設備の燃料（重油と軽油）**
>
> 　ディーゼル発電機やガスタービン発電機の燃料には、Ａ重油や軽油が使われますが、非常用発電設備の場合は、少量でも入手しやすい軽油が使われるのが一般的です。
>
> 　常用発電設備の燃料には、重油がよく使われます。重油には揮発油税（いわゆるガソリン税）がかかりません。大量に燃料を使う常用発電の場合は、揮発油税や軽油取引税のかかる軽油よりも経済的なのです。

3-3 さまざまな蓄電池

●建物内で使われる蓄電池

　蓄電池（バッテリー）とは、充電器で充電して何度も繰り返し使える電池のことです。家庭用の電化製品、ノートパソコン、携帯電話、自動車など、身近なところで使われています。建物の中の電気設備でも、さまざまなところで蓄電池が使われています。

　例えば、停電時に自動的に点灯する非常用照明や避難口を示す誘導灯、火災を感知する自動火災報知設備や火災時の避難誘導のために使われる非常放送設備など、停電が起きても支障なく継続して使い続ける必要がある設備には、電力をバックアップするために蓄電池が使われています。前述の自家用発電設備でも始動用に蓄電池が使われています。

　蓄電池は発電機とは違い、出力は直流になります。そのため、蓄電池は、特に直流で稼働する機器のバックアップ電源として使うのに適しています。

●蓄電池の使い方

　建物内の電気設備での蓄電池の使い方には、2つの方法があります。個々の機器ごとに当該機器専用の蓄電池を設置する方法と、個々の機器には蓄電池を設けず、蓄電池を一箇所にまとめて設置する方法です。

　誘導灯、自動火災報知設備、非常放送設備などは、それぞれの機器に専用の蓄電池が付属しています。蓄電池を一箇所にまとめて設置する方法が用いられるのは、1万㎡を超えるような規模の建物の非常用照明です。

　非常用照明器具にも個々に蓄電池を内蔵したものもあり、通常は、この蓄電池内蔵型の器具が使われます。しかし、建物の規模が大きい場合には、蓄電池内蔵型の非常用照明器具を使うより、蓄電池を一箇所にまとめて設置したほうが経済的になるのです。

●鉛蓄電池とアルカリ蓄電池

　建物内の一箇所にまとめて設置される蓄電池は、「蓄電池設備」や「直流電源設備」と呼ばれ、蓄電池本体と充電装置で構成されています。

　建物内の蓄電池設備で使われる蓄電池は据置型と呼ばれ、鉛蓄電池とアルカリ蓄電池に分けられます。鉛蓄電池は、正極に二酸化鉛、負極に鉛、電解液に希硫酸を用います。アルカリ蓄電池は、電解液に強アルカリを用いたもので、代表的なものに、ニッケル・カドミウム電池（通称　ニッカド電池またはニカド電池）があります。ニッケル・カドミウム電池は、正極にオキシ水酸化ニッケル、負極にカドミウムを用います。

　アルカリ蓄電池は、鉛蓄電池にくらべて重量が軽く、過充電や過放電による劣化が少ないなどのメリットがありますが、一般的には鉛蓄電池より高価です。

　なお、鉛蓄電池、アルカリ蓄電池には、それぞれ放電性能により、標準放電タイプ、高率放電タイプ、超高率放電タイプなどがあります。

　蓄電池にはさまざまな種類があり、用途、保守性、経済性などを考慮して選択されます。また、蓄電池にはJIS規格があり、種類ごとにアルファベット表示の形式が定められています。通常は、このアルファベット表示の形式で表記されたり、呼ばれたりしています（表3-2-1）。

表 3-3-1　主な蓄電池の比較

種類	鉛蓄電池				アルカリ蓄電池			
JIS形式	PS	HS	CS	MSE	AM-P	AMH-P	AHH-S	AHHE
負荷時間の目安	30分〜	30〜60分	60分〜	30分〜	60分〜	30〜200分	〜30分	〜30分
期待寿命	5〜12年	5〜7年	10〜14年	7〜9年	12〜15年	12〜15年	12〜15年	12〜15年
主な用途	鉄道 電話交換機 通信機器	非常用照明 消防用設備 エンジン始動 無停電電源	電話交換機 通信機器	電話交換機 通信機器 非常用照明 消防用設備	鉄道 船舶 非常用照明 消防用設備	非常用照明 消防用設備 制御電源 エンジン始動	エンジン始動 無停電電源	エンジン始動 無停電電源

●鉛蓄電池の種類

　鉛蓄電池には構造の違いにより、「ベント形」と「制御弁式」があります。ベント形は、排気栓があり電解液中の水分が蒸発するので、適宜、補水する必要があります。補水頻度を軽減するために、充電中に発生する酸素と水素を触媒によって水に戻す「触媒栓式ベント形」というものもあります。

　制御弁式は、通常は密閉状態で、充電中に発生する酸素を陰極で水に戻し、内圧が一定のレベルを超えたときだけガスを放出するので補水の必要はありません。

　ベント形鉛蓄電池は、極板の違いにより、「ペースト式」と「クラッド式」があります。ペースト式は、鉛合金でつくられた格子にペースト状の活物質（電気を起こす化学反応に関与する物質）を充填して正極と負極の極板とします。クラッド式は、多孔性チューブに鉛合金を通して、周囲に活物質を充填して正極とし、負極はペースト式の極板を使います。ペースト式は短時間での大電流放電が可能で、クラッド式は耐久性に優れており長寿命です（図3-3-1）。

図 3-3-1　主な据置型鉛蓄電池の種類

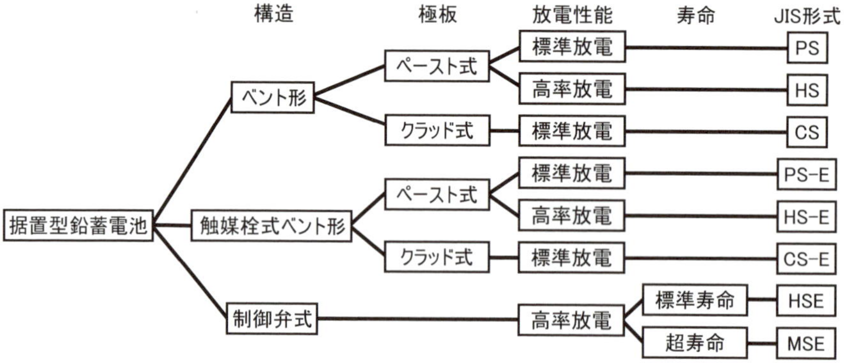

構造	極板	放電性能	寿命	JIS形式
ベント形	ペースト式	標準放電		PS
		高率放電		HS
	クラッド式	標準放電		CS
触媒栓式ベント形	ペースト式	標準放電		PS-E
		高率放電		HS-E
	クラッド式	標準放電		CS-E
制御弁式		高率放電	標準寿命	HSE
			超寿命	MSE

●アルカリ蓄電池の種類

　アルカリ蓄電池の構造には、「ベント形」、「触媒栓式」、「シール形」があります（図3-3-2）。ベント形や触媒栓式は、前述の鉛蓄電池のベント形や触媒栓式ベント形に該当します。シール形は鉛蓄電池の制御弁式に該当し、補水の必要がありません。アルカリ蓄電池は、極板の違いにより、「ポケット式」

と「焼結式」があります。ポケット式は、細かい穴をあけた鋼板の小箱（ポケット）に活物質を充填したものを極板とし、機械的強度が優れています（図3-3-3）。焼結式は、金属粉末を焼結してつくった多孔性の基板の細かい穴に活物質を充填して極板とし、電流放電特性や低温特性が優れています。

図3-3-2 主な据置型アルカリ蓄電池の種類

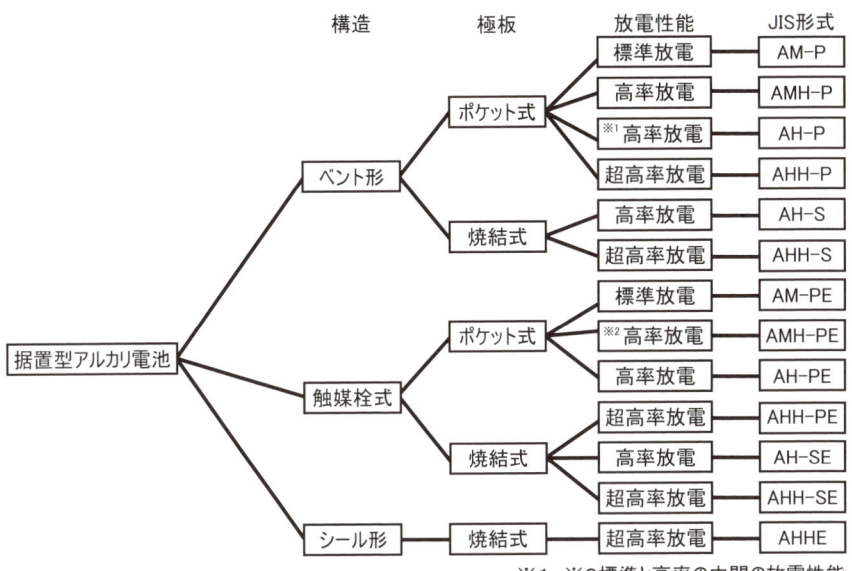

構造	極板	放電性能	JIS形式
ベント形	ポケット式	標準放電	AM-P
		高率放電	AMH-P
		※1 高率放電	AH-P
		超高率放電	AHH-P
	焼結式	高率放電	AH-S
		超高率放電	AHH-S
触媒栓式	ポケット式	標準放電	AM-PE
		※2 高率放電	AMH-PE
		高率放電	AH-PE
	焼結式	超高率放電	AHH-PE
		高率放電	AH-SE
		超高率放電	AHH-SE
シール形	焼結式	超高率放電	AHHE

（構造：据置型アルカリ電池）

※1、※2 標準と高率の中間の放電性能

図3-3-3 触媒栓式ポケット形アルカリ蓄電池（AM-PE）

（写真提供：㈱GSユアサ）

●オープンタイプとキュービクルタイプ

蓄電池設備も形態により、蓄電池本体をむき出しの状態でスチールラックに置く開放形（オープンタイプ）と蓄電池の本体を鋼板製の箱に納めた閉鎖形（キュービクルタイプ）に分けられます。オープンタイプの場合は、専用の「蓄電池室」を設けなければなりません。キュービクルタイプの場合は、受変電設備と一緒に電気室内に置いたり、屋上に置いたりすることができます。

3-4 UPS（無停電電源装置）とは？

● UPS はどんなときに使われるものか

　非常用自家用発電設備や蓄電池設備では、停電してから発電機や蓄電池に切り替わって電源がバックアップされるまでに、一定の時間がかかります。一定時間の停電状態があっても支障ないなら、自家用発電設備や蓄電池設備だけでバックアップすればよいのですが、一瞬の停電も許されないような場合は、自家用発電設備や蓄電池設備では役に立ちません。

　例えば、コンピューターの電源が突然切れたら、大切なデータが消えてしまうこともあります。工場で突然停電が起きたら、稼働中の生産機械が突然止まって、生産途中の製品が不良品になってしまうこともあります。

　一瞬の停電も許されない場合には、「無停電電源装置（UPS：Uninterruptible Power Supply）」を使って電源をバックアップします。

● UPS は瞬時電圧低下の対策に有効

　UPS が特に力を発揮するのは、電力会社の送配電線に落雷したときに起きる「瞬時電圧低下」（通称「瞬低」）の際です。また、「瞬時停電」「瞬断」とも呼ばれます。電力会社では、送配電線に雷が落ちたときに、雷の電流を大地に逃がすため、短時間だけ落雷を受けた送配電線を遮断するのですが、その際に、周辺地域では、一瞬、電圧が低下してしまうのです。その結果、照明が一瞬消えたり、稼働中の機器が止まってしまったりすることがあります。

　なお、UPS は、あくまでも、短時間の停電や一瞬の電圧低下をバックアップするためのもので、蓄電池の容量は長くても 5 分から 10 分程度です。長時間の停電に備える場合は、UPS だけでなく、自家用発電設備も合わせて設ける必要があります。

● UPSのしくみ

　UPSは、整流器（交流を直流に変換する装置　コンバーターとも呼ばれる）、インバーター（直流を交流に変換する装置）、蓄電池などから構成されており、通常は、電力会社から供給される電力を受けて蓄電池を充電状態にしておきます。停電が起きたら、瞬時に蓄電池からの電力供給に切り替え、途切れることなく電力をバックアップします。

　なお、電力会社から供給される電力の波形に歪みやノイズがあっても、整流器とインバーターを介して重要機器に電力を供給することで、波形をきれいな正弦波に直すことができます。UPSを使うことで、電源波形の歪みやノイズに起因する機器のトラブルを防ぐこともできます（図3-4-1）。

図3-4-1　UPSの構成と電源供給ルートの例

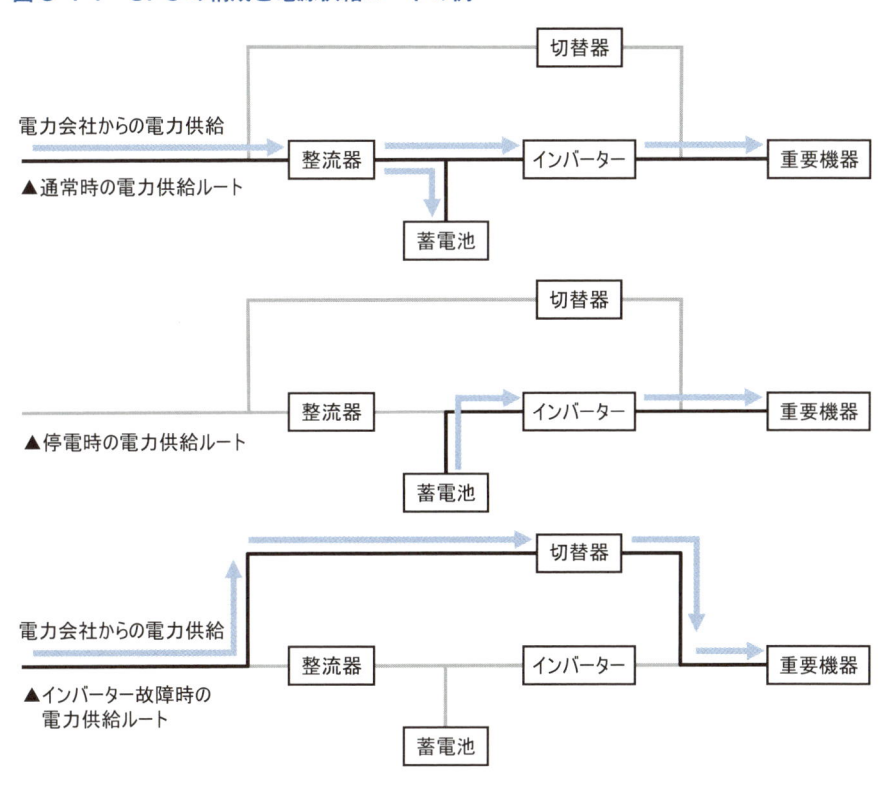

3-5 非常電源専用受電設備とは

●専用受電は発電機や蓄電池が不要

　自家用発電設備や蓄電池設備を設置せず、一定の要件を満たす受変電設備を非常電源として使うのが、非常電源専用受電（単に「専用受電」と呼ばれることが多い）という方法です。この一定要件を満たす受変電設備を「非常電源専用受電設備」といいます。

　火災が起きても、防災設備に電力を供給している受変電設備や電線が被害を受けなければ、防災設備を稼働することができます。非常電源専用受電設備は火災の被害を受けにくいような構造になっています。

　具体的には、防災設備に電力を供給する「非常電源回路」を他の機器や配線と隔離したり、一般機器に電力を供給するブレーカーが遮断しても、非常電源回路が遮断されないようになっていたりします。ほかにもさまざまな細かい規定があります。

●専用受電設備の形態

　高圧や特別高圧の非常電源専用受電設備の形態には、開放式、キュービクル式、告示キュービクル式があります。非常用電源専用受電設備は、専用の不燃室（不燃材料で造られた壁、柱、床、天井（屋根）で区画され、窓や出入口には防火戸設けた室）に設置します。

　告示キュービクル式とは、総務省消防庁から出された「キュービクル式非常用電源専用受電設備の基準」という告示に適合したキュービクル式非常電源専用受電設備を設置する方法で、この場合は、専用の不燃室は不要となり、不燃材で区画された機械室の中や屋上、屋外などに設置することができます。

●認定キュービクルとは

　告示キュービクル式には、登録認定機関による認定制度があります。この制度は、登録認定機関の認定を受けたキュービクルは、告示の基準に適合す

るとみなすもので、キュービクルを設置した際に受ける消防検査の一部を省略することができます。

登録認定機関の認定を受けたキュービクルには、認定銘板が取り付けられ、「認定キュービクル」と呼ばれます（図 3-5-1）。

なお、認定制度には、「形式認定」と「個別認定」があります。形式認定は受電設備容量 4,000kVA 以下を対象とし、キュービクルの設置場所や主遮断装置の形式認定区分ごとに受変電設備のメーカーがまとめて認定を受けるもので、個別認定は個々のキュービクルごとに認定を受けるものです。

図 3-5-1　非常電源専用受電設備の認定キュービクル

認定キュービクルの認定銘板

> **！ 低圧受電における非常電源専用受電**
>
> 　低圧で受電する小規模な建物の場合にも、防災設備のための専用受電という方法があります。低圧受電では、防災設備に電力を供給する配電盤や分電盤に一定の耐熱性能をもたせて専用受電設備とします。
>
> 　耐熱性能には 840℃ まで耐えることができる一種と、280℃ まで耐えることができる二種があり、それぞれ、JIS で定める火炎温度曲線にしたがって試験されます。パイプシャフト内や屋外、屋上は二種、一般の居室や廊下では一種の耐熱形配電盤を使います。

3-6 さまざまな非常電源

●燃料電池

　自家用発電設備や蓄電池設備のほかにも、非常電源として使われるものがあります。その1つが、「燃料電池」です（図3-6-1）。燃料電池は、2006年に消防法上の非常電源として、2007年に建築基準法上の予備電源として認められました。

　燃料電池は、都市ガスや石油などの燃料から水素を取り出し、酸素と反応させて電気を発生します。燃料電池で発電する際には、化学反応を促すために加熱する必要があり、また、電気とともに反応熱も発生します。そのため、この排熱も有効に利用する「コージェネレーションシステム」としても使われます。

● NAS電池、レドックスフロー電池

　「ナトリウム硫黄電池（NAS電池と呼ばれる）」や「レドックスフロー電池」は、鉛蓄電池やアルカリ蓄電池と同じように、通常時は充電状態にしておき、停電時に放電する二次電池の一種です。

　NAS電池は、負極にナトリウム、正極に硫黄、電解質にβ－アルミナという特殊なセラミックスを用いており、300℃付近で充放電する高温動作型二次電池です（図3-6-2）。

　レドックスフロー電池は、バナジウムイオンを溶解した硫酸水溶液をポンプで循環させて充放電する、酸化還元反応を利用した二次電池です。

　NAS電池もレドックスフロー電池も、電力貯蔵を目的として開発されたものですが、防災設備の非常電源や瞬時電圧低下対策の電源としても使われます。

図 3-6-1　燃料電池

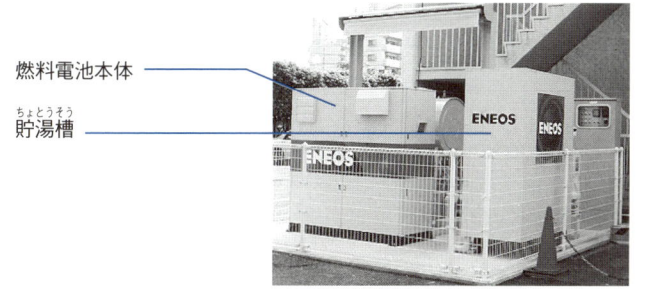

燃料電池本体
貯湯槽（ちょとうそう）

(写真提供：ＪＸホールディングス㈱)

図 3-6-2　NAS電池

(写真提供：日本ガイシ㈱)

🗨 フライホイールを使った UPS

　フライホイールとは、円盤を回転させることでエネルギーを蓄える装置です。弾み車（はずみぐるま）とも呼ばれます。身近なところでは、自動車のエンジンやトランスミッションに使われています。

　フライホイールで蓄えた運動エネルギーを電気エネルギーとして取り出して使うのが、フライホイールを使った UPS です。フライホイールを使った UPS は蓄電池が不要で、電気的なノイズや電圧変動に強いというメリットがあります。

フライホイール

(写真提供：日本フライホイール㈱)

第4章

幹線設備と配線ルート

電気は、電線やケーブルによって運ばれます。
この章では、電線やケーブルの種類や配線方法、
配線経路などを説明します。

4-1 配線ルートと配線方法のあれこれ

● EPSとケーブルラック

人間の身体の中に、血液を隅々まで送り届けるための動脈や毛細血管があるように、建物の中にも、電気を隅々まで送り届けるためのさまざまな配線が張り巡らされています。

まず、電力供給の心臓部にあたる電気室やキュービクルの低圧配電盤から、低圧幹線と呼ばれる太いケーブルが敷設されます。低圧幹線ケーブルを敷設するための経路となるのがEPS（Electric Pipe Shaftまたは、Electric Pipe Space）です。通常、EPSは建物内の最上階から最下階までを縦に貫くように設けられます。EPSは道路でたとえるなら幹線道路のような場所で、EPSの中には低圧幹線ケーブルが何本も敷設されています（図4-1-1）。

EPSの中では、たくさんのケーブルをまとめて並べて配線するために、ケーブルラックが使われるのが一般的です。一般的なケーブルラックは、鋼板製で梯子のような形をしています。ケーブルラックを使うと、たくさんのケーブルをまとめて敷設することができるうえ、後から新しいケーブルを追加して敷設することもできるので、低圧幹線ケーブルの敷設経路に適しているのです（図4-1-2）。

ケーブルラックは、たくさんのケーブルをまとめて敷設するのに便利なため、EPS内だけでなく、天井裏や機械室の中などでもよく使われます。鉄道の駅のホームで使われていることも多いので、普段の生活で目にする機会もあるでしょう。

●天井内の配線

EPSは建物を上下に貫く縦方向の配線経路です。では、各階の横方向の配線経路はどうなっているのでしょうか。

一般的な建物では、建物内の横方向の配線経路として、天井裏が使われます。低圧幹線のような太いケーブルを敷設する場合や細いケーブルを何本も

まとめて敷設する場合などには、天井内にケーブルラックを設置し、その上にケーブルを敷設します。

敷設するケーブルが少ない場合には、ケーブルラックよりも簡便なケーブルハンガーという金具を使ってケーブルを敷設する場合もあります（図4-1-3）。さらに簡便な方法として、特にケーブルラックやケーブルハンガーなどを使わずに、天井内にそのままケーブルを置くように敷設する「ケーブルころがし」という配線方法もあります（図4-1-4）。天井に取り付けられている照明器具や火災感知器などの配線では、細いケーブルを1本敷設するだけなので、ケーブルころがし配線にするのが普通です。

図 4-1-1　EPSの構成例

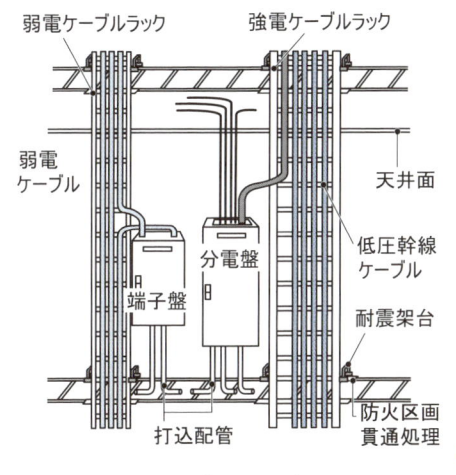

図 4-1-2　ケーブルラック

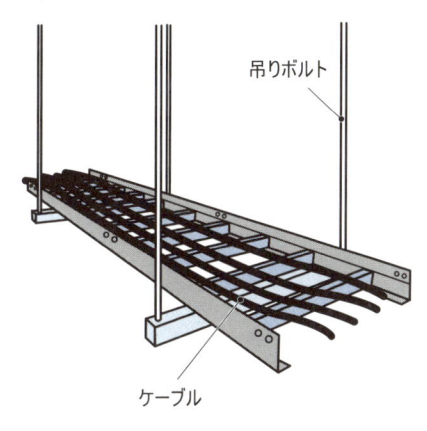

図 4-1-3　ケーブルハンガー

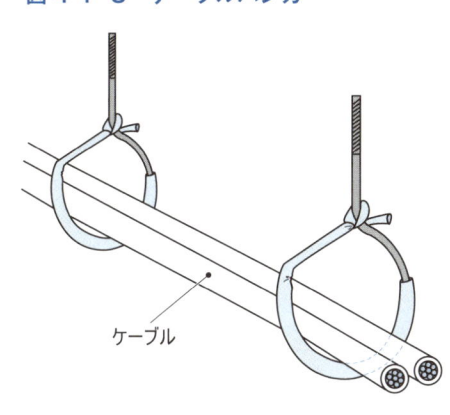

図 4-1-4　ケーブルころがし配線

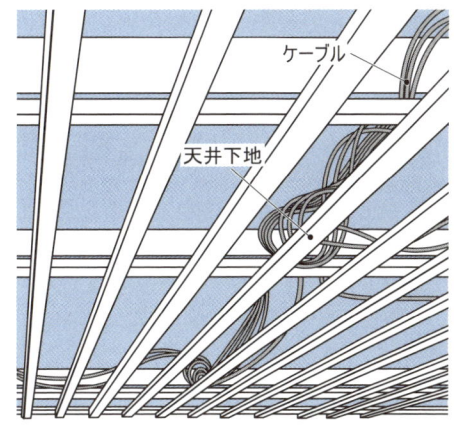

●床打ち込み配管

　横方向の配線経路としてもう1つあげられるのが、床打ち込み配管です。建物の躯体工事の中で、床の配筋が終わってからコンクリートを打設するまでの間に配管を敷設して、コンクリートの中に配管を埋め込んで、躯体工事が終わってから、その配管に配線するという方法です。

　床打ち込み配管は、躯体の工事中に配線経路を構築してしまうので、後々の配線工事が楽になるというメリットがあります。逆に、躯体工事の工程に合わせて、打ち込み配管の経路を決め、配管を敷設しなければならないので、早い時期から検討や作業を進めなければならないという側面もあります。また、一度コンクリートに埋め込んだ配管は、後からやり直すことができないので、工事の途中で何らかの変更が生じた際に、対応するのが難しいというデメリットもあります。

　なお、建物の躯体となるコンクリートに配管を打ち込むということは、建物の構造体にとっては、強度を損なうことにつながります。そのため、配管を打ち込む際には一定の制約があります。あまり太い配管を打ち込むことはできませんし、細い配管でも、1箇所に何本もまとめて打ち込むことはできません。通常、床コンクリートに打ち込める配管の太さはコンクリートの厚みの1/4程度までで、CD管（可とう製のある合成樹脂管）なら、呼び径（配管サイズを表す呼称として使われる数値で、CD管の場合はほぼ内径に等しい）28㎜（外径34㎜）まで、金属管（薄鋼電線管）なら呼び径31㎜（外径31.8㎜）までです（図4-1-5）。

　床打ち込み配管では、太い配管を打ち込むことができないので、太い配線を通線することはできません。したがって、低圧幹線ケーブルの敷設経路としては使えず、もっぱら、末端の電源配線や弱電系の配線経路として使われます。

● OAフロア内配線

　最近のオフィスビルでは、パソコンやプリンターなどをたくさん使いますから、デスクまわりの電源やLANの配線もかなりの量になります。これ

らの配線を自由に敷設できるようにしたものが、OAフロア（フリーアクセスフロア）です。OAフロアとは、コンクリートの床スラブの上に脚を並べ、その上にパネルを敷いて、床下に配線スペースを設けたものです。最近のオフィスビルでは、高さ100㎜前後のOAフロアを標準装備しているというケースが増えています。

OAフロアのよいところは、配線の自由度が高いことです。オフィス内の任意の場所まで配線を引くことができますし、後から位置を変えたり配線を増やしたりすることもできます。

図 4-1-5　床打ち込み配管の施工

床の鉄筋が組まれた後、コンクリート打設前にEPSの床開口を確保したり、CD配管を敷設する。

（写真提供：㈱増島組）

❗ 天井内は物でいっぱい

建物の天井内には、電気の配線だけでなく、換気や空調のためのダクトや給排水管も敷設されていますし、空調機器も設置されています。そのため、場所によっては、天井内の空間が物でいっぱいになってしまうこともあり、極端な場合は、天井埋め込み型の照明器具を設置するスペースすら確保できないということもあります。

そんなときは、それぞれの設備の関係者が集まって、「ダクトを小さくすることはできないか」とか、「機器の設置場所を変えられないか」とか、喧々諤々しながら、工夫を凝らして何とかスペースを確保します。

一般の人の目に触れる場所ではなく、目に触れない場所にこそ、さまざまな人のアイデアが生かされ、工夫が凝らされているものなのです。

4・幹線設備と配線ルート

● OA フロアの意外な弱点

　便利な OA フロアにも弱点はあります。通常、1 枚の OA フロアパネルの上には、4 枚のタイルカーペットが敷かれています。そのため、1 枚の OA フロアパネルを開けようとすると、4 枚のタイルカーペットを剥がさなくてはなりません。タイルカーペットの大きさは 500㎜×500㎜ 程度ですから、4 枚のタイルカーペットを剥がすには、1m×1m ほどのスペースが必要です。オフィス内に机やロッカーなどが置かれた状態で、1m×1m のスペースを確保してカーペットを剥がすのは意外に大変な作業です（図 4-1-6）。

　また、パネルの大きさや形状が決まっているため、ピンポイントの任意の場所から配線を取り出すことはできません。一定の制約があります。そのため、机の下から取り出す配線が、椅子に座ったときに、ちょうど足元に来て邪魔になってしまうこともあり得ます。

　後から配線を追加できるということで、電源線や LAN ケーブルを少しずつ増やしていったら、いつのまにか、どの線がどこにつながっているのかわからなくなってしまったというケースや、使っていないコンセントや HUB が床下に放置されたままになっていたというケースもあります。OA フロアを使う際には、配線の状況を把握できるように管理しておく必要があるのです。

● 壁の中の配線

　配線経路は天井と床だけではありません。壁の中にも配線が敷設されます。壁には、コンセントや照明のスイッチ、空調のコントローラーなどを取り付ける必要があるので、配線を通さなければならないのです（図 4-1-7）。

　鉄筋コンクリートの壁の場合、床と同じくコンクリートに配管を打ち込みます。壁の配筋が終わってから型枠を建て込むまでに、配管を敷設してコンクリートの中に配管を埋め込み、躯体工事が終了後、配管に配線します。

　この場合、床打ち込みと同じように、躯体の工事中に配線経路を構築してしまうので、後々の配線工事が楽になりますが、後からやり直すことができないので、工事途中の変更に対応するのが難しくなります。特に、壁の場合は、間仕切りや扉の位置、扉の開き勝手などによって、スイッチやコンセントの位置も変わるため、工事途中に設計変更が生じると、打ち込んだ配管が全く

使えなくなるということもあり得るので注意する必要があります。

　軽量鉄骨や木軸で下地を組んで石膏ボードを張ったような中空壁の場合は、下地を組んだ時点で、配管したりケーブルを通したりします。中空壁の場合は、下地の上のボードや仕上げのクロスを張った後からでも、天井から配線を落として通線することができます。そのため、何らかの変更が生じた際にも、ある程度は柔軟に対応することができます。

図 4-1-6　OA フロアの弱点

OA フロアパネルとタイルカーペット

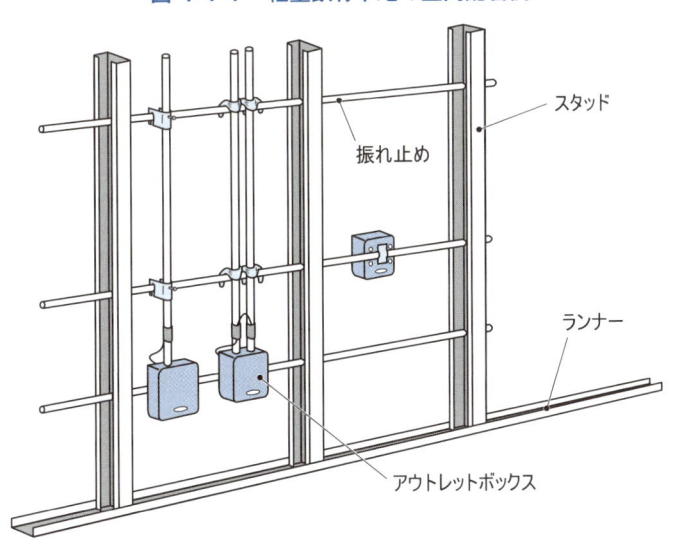

図 4-1-7　軽量鉄骨下地の壁内配管例

4-2 電線・ケーブル類の種類と使い分け

●電線とは

「電線」とは、電気を流すための線です。電線は電気を流すことができる「導体」でつくられますが、一般的には、導電率の高い銅が使われます。電力会社の送電線などでは、銅よりも軽いアルミが使われることもあります。

電線には、導体部分がむき出しの状態のものもあれば、導体部分に絶縁性の被覆が施されているものもあります。絶縁性の被覆が施されているものでも、その被覆は薄いものです。電気的には絶縁できても機械的な力に耐えるほどの強度はありません。ちょっとした力で簡単に傷が付いたり穴があいたりする恐れがあります。傷が付いたり穴があいたりしている電線に人が触れたら感電してしまうかもしれません。そのため、電線は人の手が直接触れる恐れのあるような場所では使えません。人の手が触れる恐れのあるような場所では、配管やダクトの中に敷設しなければなりません。

●ケーブルとは

「ケーブル」とは、電線の外側に電線を保護するための外装（シース）を施したものです。この外装は機械的な強度のある被覆なので、多少の力がかかっても傷が付いたり穴があいたりしません。ですから、人が触れても感電する心配がありません。ケーブルは電線と違い、人の手が直接触れるような場所でも使うことができます。

電線やケーブルにはさまざまな種類があります。その中から、建物内の配線でよく使われるものをいくつか紹介します（表4-2-1）。

●CVケーブル（架橋ポリエチレン絶縁ビニルシースケーブル）

CVケーブルは、細い銅線を撚り合わせた導線のまわりを架橋ポリエチレンの被覆で絶縁し、その上にビニルの外装を施したケーブルです。架橋ポリエチレンとは、ポリエチレンの分子構造を立体的な網状にしたもので、通常

のポリエチレンより耐熱性や機械的性質が優れています。

　CVケーブルは、建物内では、高圧や特別高圧の電力引き込み、低圧幹線、動力配線などでよく使われています。

　なお、CVケーブルで、3本の線を撚り合わせた形状のものをCVTケーブル（TはTriplex トリプレックス を表す）といいます。CVTケーブルは、3本の線を撚り合わせることで放熱性がよくなるので、通常のCVケーブル（撚り合わせていない3芯のもの）よりも許容電流が大きくなります。高圧や特別高圧の電力引き込みや低圧幹線では、CVTケーブルがよく使われます（図4-2-1）。

表4-2-1　主な強電用電線・ケーブルの用途

電源・ケーブル	主な用途
IV電線	電灯・コンセント（金属管配管、打ち込み配管）
VVFケーブル	電灯・コンセント（天井内ころがし配線、OAフロア内ころがし配線）
CVケーブル	動力電源、電力引き込み
CVTケーブル	動力電源、低圧幹線、電力引き込み

図4-2-1　CVケーブル（左）とCVTケーブル（右）

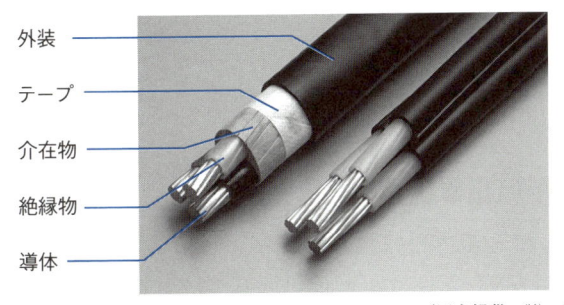

（写真提供：㈱フジクラ）

4・幹線設備と配線ルート

● VVF ケーブル（ビニル絶縁ビニルシースケーブル平型）

　VVF ケーブルは、銅の単芯線をビニルの被覆で絶縁し、その上にビニルの外装を施したケーブルで、断面は扁平になっています。導線が単芯なので、柔軟性はあまりありません（図 4-2-2）。

　建物内では、照明やコンセントなどの配線でよく使われています。特に、単芯の導体の太さが直径 1.6mm や 2.0mm のものは、単相 100V や単相 200V の 20A の分岐回路用配線として使われ、天井内や OA フロア内に「ころがし配線」で敷設されます。導体の太さは直径 2.6mm 程度までで、許容電流に限りがあるので、容量の大きな機器や動力配線などには使われません。

　なお、断面が丸い VVR（R は Round の意味）ケーブルというものもあります。VVR ケーブルには、導体に銅撚り線を使った、太くて許容電流の大きなケーブルもありますが、建物内ではあまり使われません（図 4-2-3）。

図 4-2-2　VVF ケーブル

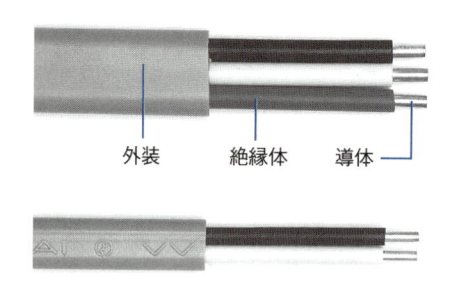

図 4-2-3　VVR ケーブル

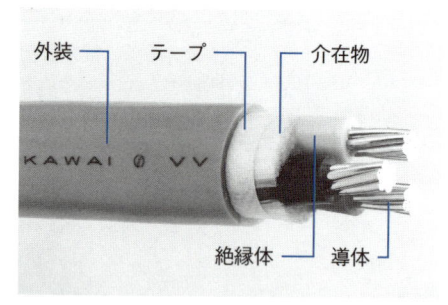

（写真提供：カワイ電線㈱）

● IV 電線（ビニル絶縁電線）

　IV 電線とは、銅の単芯線または撚り線をビニルで被覆して絶縁した電線です。CV ケーブルや VVF ケーブルと違い、外装はありません（図 4-2-4）。

　建物内では、照明やコンセント、動力配線などで使われますが、ケーブルではないため、必ず配管やダクトを使って敷設します。

図 4-2-4　IV 電線

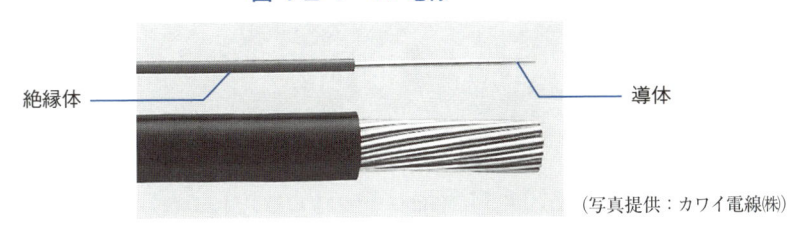

絶縁体　　　　　　　　　　　　導体

(写真提供：カワイ電線㈱)

● HIV 電線（二種ビニル絶縁電線）

　HIV 電線とは、IV 電線よりも耐熱性能が優れた電線です。IV 電線の許容温度は 60℃ ですが、HIV 電線の許容温度は 75℃ です。また、許容電流も IV 電線より 2 割ほど大きくなっています。

●耐火ケーブル（FP ケーブル）と耐熱ケーブル（HP ケーブル）

　耐火ケーブルとは、火災の中でも所定の性能を維持できるようにつくられているケーブルで、消火設備のように火災時に使う機器の電源配線に使用されるものです（図4-2-5）。耐火ケーブルの性能は、自治省消防庁の告示で規定されており、30 分間で 840℃ に達するまで加熱されても耐えられるものとされています。

　なお、耐火ケーブルには、露出配線だけで使える FP ケーブルと、露出配線のほか配管やダクトにも敷設できる FP-C ケーブルがあります。

　耐熱ケーブルも耐火ケーブルと同様に、火災の中でも所定の性能を維持できるようにつくられているケーブルで、防災設備の制御配線や警報ベル配線などに使われるものです（図4-2-6）。耐熱ケーブルは、15 分間で 380℃ に達するまで加熱されても耐えられるものとされています。

図 4-2-5　耐火ケーブル

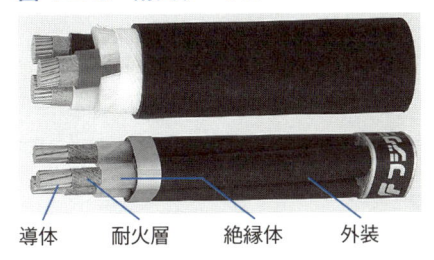

導体　耐火層　絶縁体　外装

図 4-2-6　耐熱ケーブル

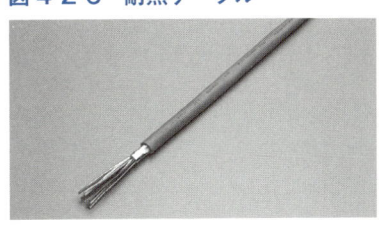

(写真提供：㈱フジクラ)

4・幹線設備と配線ルート

4-3 建物内で使われる弱電線・制御線

● 市内CCP（Color Coded Polyethylene）ケーブル

電話線として使われるケーブルです。配線を識別するために被覆が着色されています。単に「CCPケーブル」とも呼ばれます。

● CPEV（市内対ポリエチレン絶縁ビニルシース）ケーブル

電話やインターホンなどに使われる通信用ケーブルです。内部の導線が2本1組の対になっています。静電遮蔽付きのCPEV-Sケーブルもあります。

● CVV（Control-use Vinyl insulated Vinyl sheathed）ケーブル

動力機器の制御などに使う低圧（600V以下）の制御用ケーブルです。静電遮蔽付きのCVV-Sケーブルもあります。

● UTP（非シールド撚り対線 Unshielded Twist Pair）ケーブル

一般的に使われているLANケーブルです。導線を2本1組で撚り合わせてあります。静電遮蔽付きのSTP(Shielded Twist Pair)ケーブルもあります。

● 同軸ケーブル

テレビ受信や監視カメラの映像を伝達などに使われるケーブルです。導体部分はケーブル断面に同心円上に巻かれており、高周波を効率よく伝送することができます。

● AE（警報用ポリエチレン絶縁）ケーブル

自動火災報知設備、インターホン、ベルなど、60V以下の小勢力回路に使われる警報用のケーブルです。ただし、耐火性能や耐熱性能はありませんから、耐火や耐熱を求められる部分には使えません。

図 4-3-1　さまざまな弱電線・制御線

CCP ケーブル

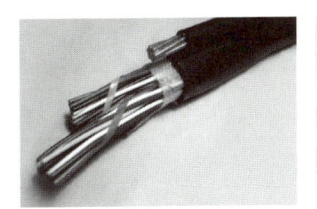

（写真提供：富士電線㈱）

CPEV ケーブル

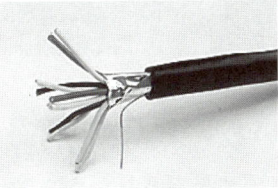

（写真提供：㈱小柳出電気商会）

CVV ケーブル

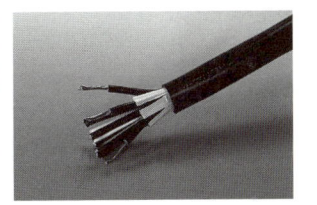

（写真提供：古河電気工業㈱）

UTP ケーブル

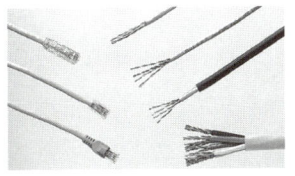

（写真提供：富士電線㈱）

同軸ケーブル

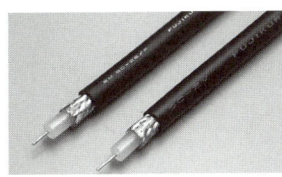

（写真提供：㈱フジクラ）

AE ケーブル

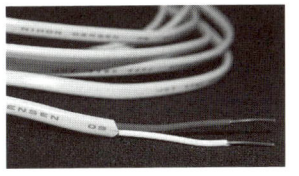

（写真提供：ProCable）

> ⚠️ **エコ電線、エコケーブル**
>
> 　一般的な電線やケーブルの導体には銅が使われていますが、銅は何度もリサイクルして使われます。廃棄された電線やケーブルからは銅が取り出されますが、このとき分別された被覆物は、焼却されたり埋め立て処理されたりします。被覆物に塩化物が含まれていると、処分の際にダイオキシンなどの有害物質が発生する恐れがあります。そこで、有害物質を発生する恐れのないポリエチレン系樹脂を被覆物に使った電線やケーブルが開発されました。それが、「エコ電線」や「エコケーブル」です。EM（Eco Material）電線やEMケーブルとも呼ばれます。

4・幹線設備と配線ルート

4-4 ハト小屋とは何か？

●屋上でハトを飼っている？

　ある建設会社での出来事です。先輩社員から図面のコピーを頼まれた新入社員がいました。渡された図面を何気なく見ていたその新入社員がひと言ぶやきました。「あれっ、屋上の平面図にハト小屋って書いてある……。このビルのオーナーは鳩を飼うのが趣味なのかなぁ？」まわりにいた人たちは爆笑しました。

　ハト小屋とは、鳩を飼うための小屋ではありません。建物の内部から屋上に配管や配線を取り出すためにつくられた箱状のスペースのことをハト小屋というのです（図4-4-1）。

　建物内に敷設された配管や配線を屋上まで引いてくる際には、屋上の床に穴をあける必要があります。このとき、単に穴をあけたままにしたら、雨が降ったときに建物内に水が入ってしまいます。そこで、床を貫通する部分を覆うように箱状のスペースを設けるのですが、この箱状のスペースの形が鳩を飼うための小屋に似ていることから、一般に、ハト小屋と呼ばれているのです。中には、このスペースをイヌ小屋と呼ぶ人もいますが、ハト小屋もイヌ小屋も同じ意味です。

●ビルの屋上には必ずハト小屋がある

　街中で見かけるビルの屋上には、キュービクルやエアコンの室外機などが置かれているのが普通です。普段は人が立ち入ることのない屋上を設備ヤードとして有効活用しているのです。

　屋上にキュービクルやエアコンの室内機を置くなら、どこかで配管や配線が屋上の床を貫通しなければならないので、必ずハト小屋が必要になります。

図 4-4-1　ハト小屋のしくみ

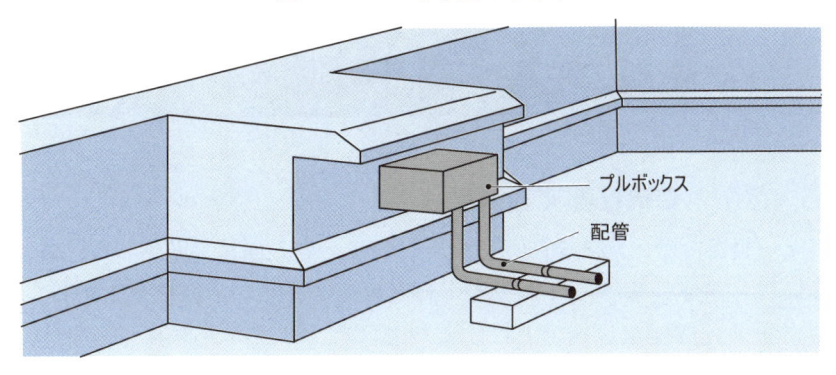

外観

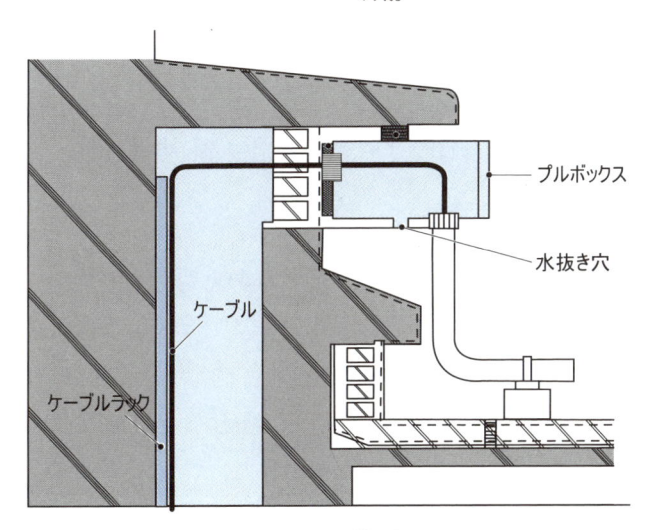

断面図

❗ 本当に鳩が住んでいたハト小屋

　老朽化して廃屋状態になっているビルの調査に行ったときのことです。最上階の PS（パイプシャフト）の扉を開けた瞬間、中から数羽の鳩がバタバタと飛び出して来ました。屋上のハト小屋を塞ぐ板に穴があいていて、そこから野生の鳩が入り込み、中に巣をつくっていたのです。ハト小屋に本当の鳩が住んでいたという、嘘のような本当の話です。

4-5 防火区画はどのように形成するのか

●防火区画と防火区画貫通処理

　火災が起きた際に延焼を防ぐため、建物は一定の面積で区画しなければならないことが建築基準法によって定められています。延面積が1,000㎡を超える建物は、1,000㎡以内ごとに防火壁で区画するものとされています。耐火建築物は1,500㎡以内ごと、準耐火建築物は500㎡以内ごとに区画することになっています。

　防火区画となる壁や床を電気の配線や配管が通る場合は、防火上の性能を損なわないような措置が必要になります。この措置を「防火区画貫通処理」といいます。防火区画貫通処理にはさまざまな工法があります。

●金属管による工法

　最も基本的な防火区画貫通処理工法で、壁と床のどちらでも使えます。区画を貫通する配線の本数が少ない場合などに適しています。また、将来に何らかの配線を追加するのに備えて、区画を貫通する配管だけを設置しておいて、配線をせずに配管の両端を耐火パテで塞いでおくこともあります（図4-5-1）。

●プルボックスによる工法

　壁の貫通部に使う工法です。配管を突き出すスペースがない場合や複数の配線をまとめて通したい場合に適しています（図4-5-2）。

図 4-5-1　金属管による防火区画貫通処理の場合

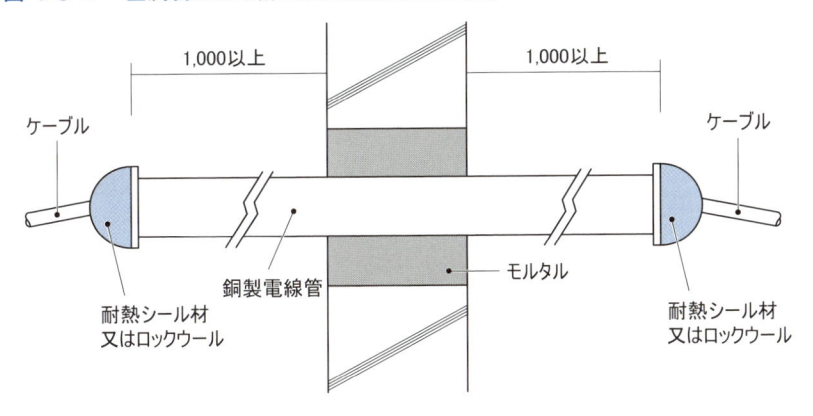

図 4-5-2　プルボックスによる防火区画貫通処理

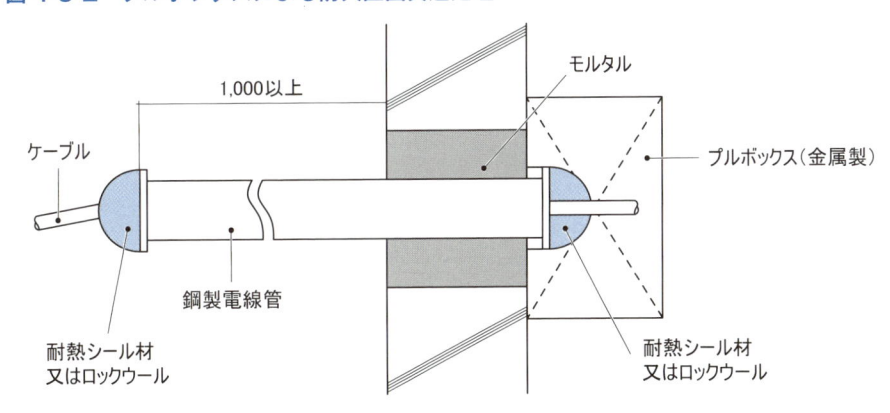

●ケーブルラックで床や壁を貫通する際の工法

EPS の床貫通部になどに使う工法です。ケーブルラック上にたくさんの配線をまとめて敷設する場合に適しています（図 4-5-3）。

図 4-5-3　ケーブルラックによる床貫通部の防火区画貫通処理

（写真提供：トラスト・テクノ㈱）

●ケーブルだけを貫通させる際の工法

配管やケーブルラックを使わずに、ケーブルだけを貫通させたい場合に使う工法です。幹線ケーブルを 1 本だけ通したいなど、ケーブルラックを使うほどの配線量がない際に使われます。

図 4-5-4　ケーブル貫通部の防火区画貫通処理

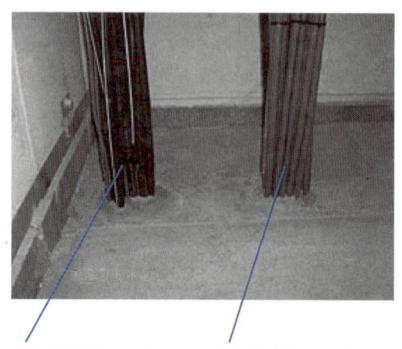

（写真提供：テイオー電設㈱）

強電幹線ケーブル　　弱電幹線ケーブル

●建築基準法における防火区画

　建築基準法における防火区画の規定には、「面積区画」「高層階区画」「竪穴区画」「異種用途区画」の4つがあります。「面積区画」は、耐火建築物や準耐火建築物などの種類ごとに区画すべき面積を規定するもので、「高層階区画」は、11階以上の階において区画すべき面積を規定するものです（表4-5-1）。「竪穴区画」は、階段室やエレベーターシャフト、吹き抜けなど複数階に渡る部分を竪穴状に区画する規定で、「異種用途区画」は、店舗、映画館、学校など不特定多数の人が出入りする建物や、工場、危険物貯蔵所など防災に気をつかうべき建物をほかの用途の部分と区画する規定です。

表 4-5-1　面積区画と高層区画の区画面積

区画	対象となる建築物及び部分		区画面積
面積区画	耐火構造建築物		1,500㎡
	準耐火建築物	任意準耐火	1,500㎡
		1時間準耐火構造または不燃構造	1,000㎡
		外壁耐火構造	500㎡
高層区画	11階以上の階で、内装（仕上げ・下地とも）不燃材料		500㎡
	11階以上の階で、内装（仕上げ・下地とも）準不燃材料		200㎡
	11階以上の階で、上記以外		100㎡

❗ あまり使われなくなった配線方式

　OAフロアが普及する以前は、床の配線といえば、床打ち込み配管が多かったのですが、通常の床打ち込み配管では、たくさんの配線を敷設することはできません。ある程度の量の配線を敷設するために使われていたのが、フロアダクトやセルラーダクトと呼ばれるものです。

　フロアダクトとは、打ち込み配管よりも大きな断面積をもつ配線用のダクトです。このダクトを床コンクリート内に打ち込んで配線するのがフロアダクト方式の配線です。フロアダクト方式を採用する際には、構造体である床コンクリートがフロアダクトを埋め込めるような形状になっていなければなりません。

　セルラーダクトとは、床スラブに使われるセルラーデッキプレートという角波形の鋼板を配線ダクトとして利用するものです。セルラーダクト方式を採用する際には、床コンクリートがセルラーデッキプレートを使う仕様になっていなければなりません。

　フロアダクトもセルラーダクトも、建物の構造体に一定の制約を与えることになるうえ、配線の方法としては、あまり使い勝手のよいものとはいえませんでした。OAフロアが普及した現在では、これらの方式を採用することはほとんどなくなりました。

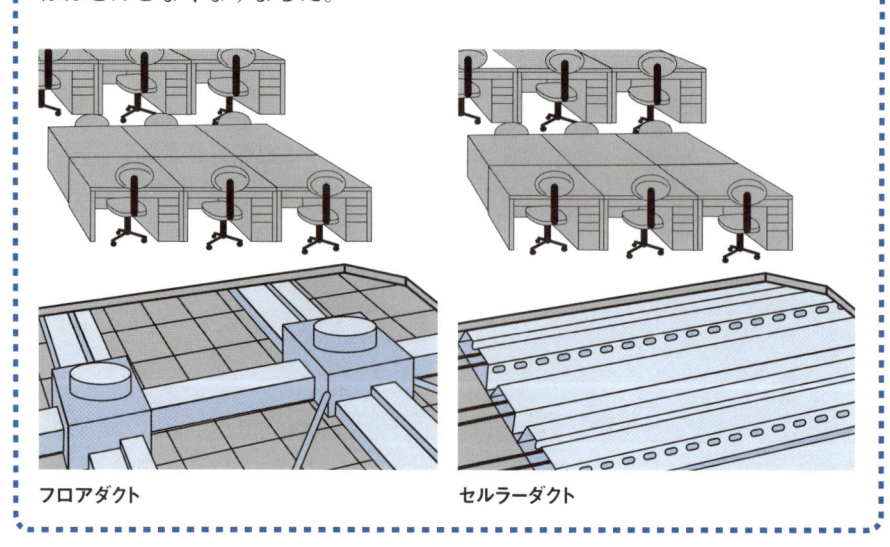

フロアダクト

セルラーダクト

第5章

動力設備

動力とは機械的エネルギーを意味します。
電気を機械的エネルギーに変換するのがモーターです。
この章では、モーターを使った機器を動かし、
制御する役割を果たす動力設備について説明します。

5-1 動力設備と動力機器の種類

●動力機器と動力設備

　単相のトランスを電灯トランス、三相のトランスを動力トランスと呼ぶことは、2-6で述べた通りです。動力とは三相モーター（電動機）を意味しており、三相200Vや三相400Vを電源として三相モーターを使う機器は動力機器と呼ばれます。

　建物の中で使われる動力機器には、冷暖房のための空調設備、給排水のための衛生設備、エレベーターやエスカレーターなどの搬送設備、消火栓やスプリンクラーなどの消火設備、業務用の厨房設備、機械式の駐車設備、工場の生産設備などがあります（図5-1-1）。

　なお、三相200Vや三相400Vを電源とする機器には、三相モーターを使う機器のほかに、大容量のヒーターを使う暖房機器や厨房機器、工業用の電気炉などもありますが、これらの機器も、ほとんどは周辺機器として三相モーターを使っています。

　動力設備とは、三相電源を必要とする動力機器類に電力を供給するための設備で、電源の配線や動力制御盤などを指します。広い意味では、空調設備や衛生設備などの動力機器も含めて動力設備と呼ぶこともあります。

> **！ 三相誘導電動機**
>
> 　モーターにはいろいろな種類がありますが、動力機器で使われるモーターの多くは、「三相誘導電動機」と呼ばれるものです。三相誘導電動機には、「巻線形」と「かご形」があります。巻線形は回転子が巻線になっており、この巻線に抵抗を挿入することで始動電流を低減したり速度を制御したりすることができますが、かご形よりも構造が複雑で高価です。かご形は回転子がかご状になっており、巻線形よりも構造が単純で安価なうえ耐久性にも優れているため、さまざまな動力機器で使われています。かご形での始動電流低減や速度制御については後述します。

図 5-1-1　さまざまな動力機器

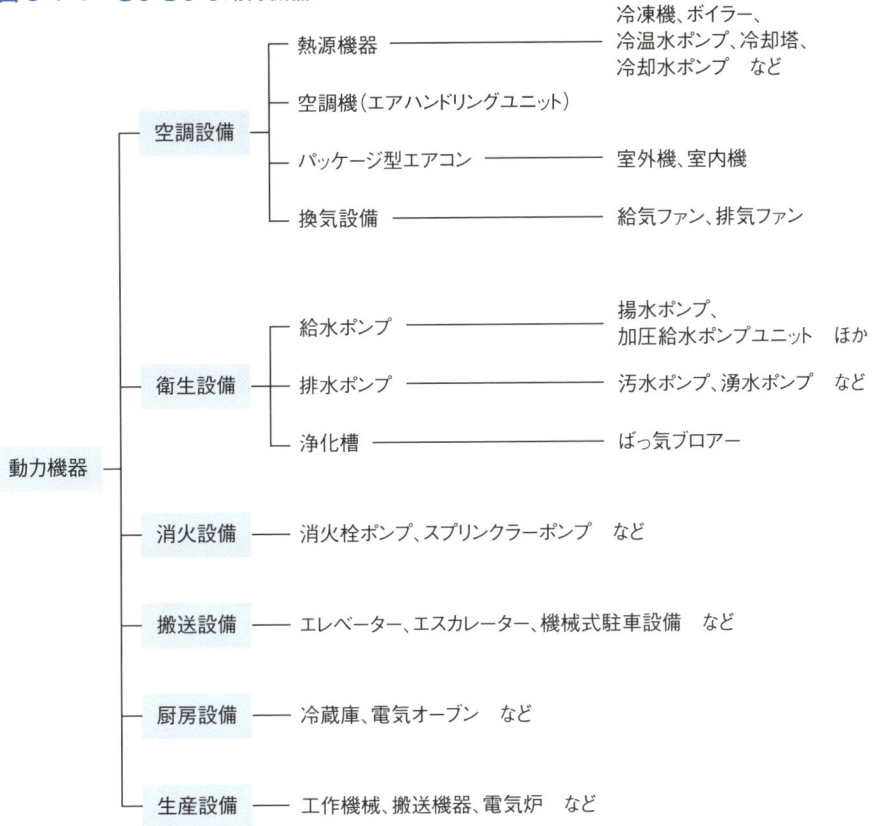

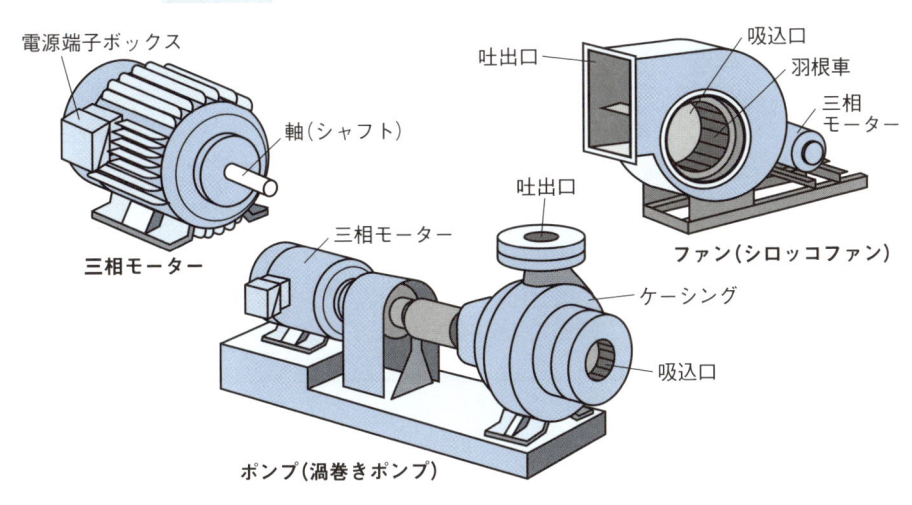

- 動力機器
  - 空調設備
    - 熱源機器 ── 冷凍機、ボイラー、冷温水ポンプ、冷却塔、冷却水ポンプ　など
    - 空調機（エアハンドリングユニット）
    - パッケージ型エアコン ── 室外機、室内機
    - 換気設備 ── 給気ファン、排気ファン
  - 衛生設備
    - 給水ポンプ ── 揚水ポンプ、加圧給水ポンプユニット　ほか
    - 排水ポンプ ── 汚水ポンプ、湧水ポンプ　など
    - 浄化槽 ── ばっ気ブロアー
  - 消火設備 ── 消火栓ポンプ、スプリンクラーポンプ　など
  - 搬送設備 ── エレベーター、エスカレーター、機械式駐車設備　など
  - 厨房設備 ── 冷蔵庫、電気オーブン　など
  - 生産設備 ── 工作機械、搬送機器、電気炉　など

三相モーター
- 電源端子ボックス
- 軸（シャフト）

ファン（シロッコファン）
- 吐出口
- 吸込口
- 羽根車
- 三相モーター

ポンプ（渦巻きポンプ）
- 三相モーター
- 吐出口
- ケーシング
- 吸込口

5・動力設備

●動力設備の構成

　動力機器にはさまざまな種類があり、必要とする電力（電源容量）の大きさもさまざまです。それぞれの動力機器には、必要とする電力の大きさに応じた電源を供給する必要があります。また、モーターの過負荷や過電流による過熱、焼損などのトラブルを防止したり、トラブルの際の被害を抑制したりするために、機器の用途やモーターの容量に見合った保護装置を設ける必要もあります。さらに、機器をON-OFFにするための開閉器や制御回路も必要になります（図5-1-2）。

　電源供給のための配線用遮断器（ブレーカー）や保護装置、開閉器、制御回路などを組み込んだものが制御盤です。冷凍機やボイラー、消火設備や搬送設備、生産設備などは、ほとんどの場合、個々の機器に制御盤が付帯しています（図5-1-3）（各機器に付帯している制御盤のことを「機側盤」と呼びます）。個々の機器が制御盤を持っている場合、電気設備側では、各機器の制御盤に電源を供給するだけで、機器のON-OFF制御や保護は機器側の制

図5-1-2　動力設備の構成例

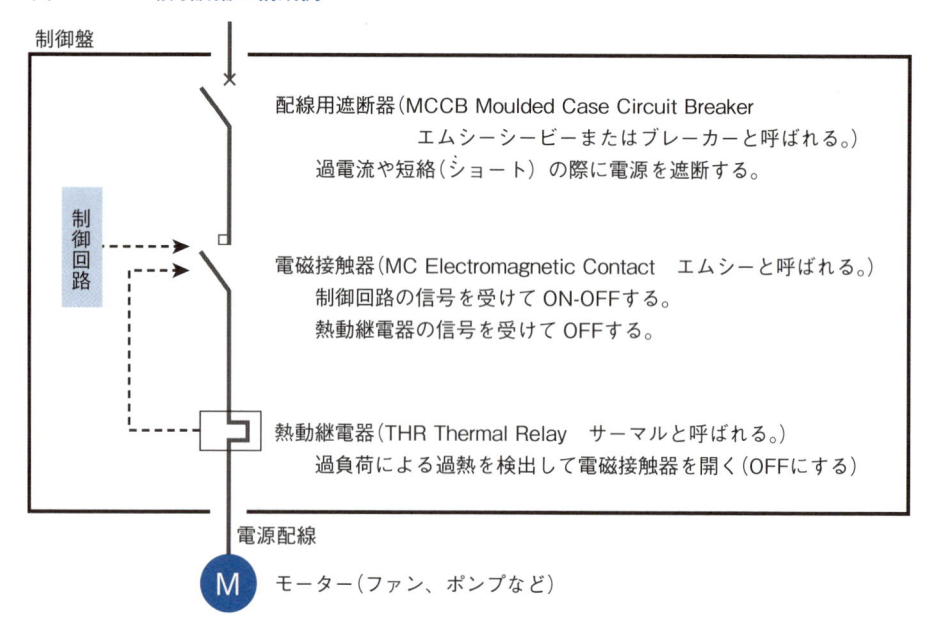

制御盤

制御回路

配線用遮断器（MCCB Moulded Case Circuit Breaker　エムシーシービーまたはブレーカーと呼ばれる。）
　過電流や短絡（ショート）の際に電源を遮断する。

電磁接触器（MC Electromagnetic Contact　エムシーと呼ばれる。）
　制御回路の信号を受けてON-OFFする。
　熱動継電器の信号を受けてOFFする。

熱動継電器（THR Thermal Relay　サーマルと呼ばれる。）
　過負荷による過熱を検出して電磁接触器を開く（OFFにする）

電源配線

Ⓜ　モーター（ファン、ポンプなど）

御盤が受け持ちます。空調機、給排気ファンなどは個々に制御盤を持っていないので、電気設備側でこれらの機器のための制御盤（動力制御盤）を設ける必要があります。

図 5-1-3　制御盤が一体になっている加圧給水ポンプユニット

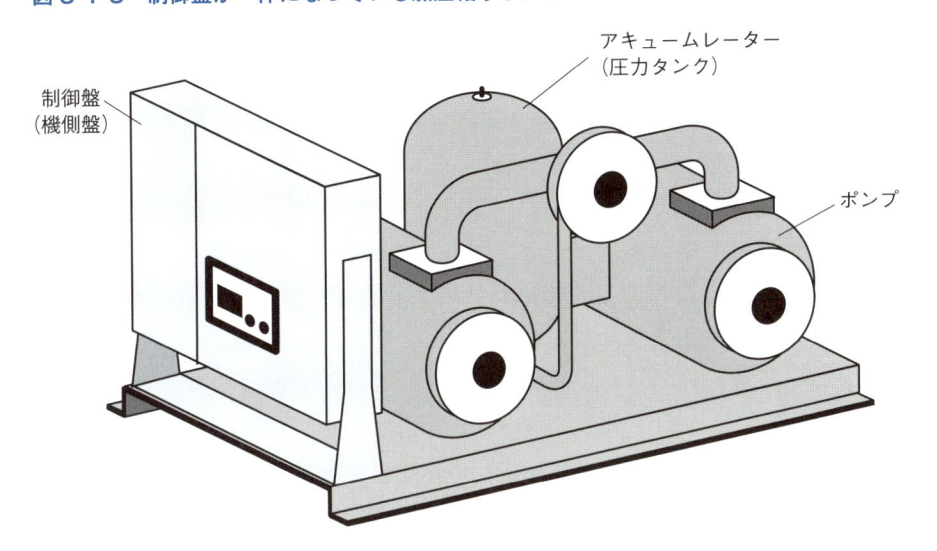

（図中ラベル：制御盤（機側盤）、アキュームレーター（圧力タンク）、ポンプ）

> **！ セントラル空調方式・個別空調方式と自動制御設備**
>
> 　大規模ビルでは、機械室や屋上に熱源機器や空調機器を設置して、ビル全体をまとめて空調しています。これを「セントラル空調方式」と言います。住宅や小規模なビル・店舗のように、部屋ごとにパッケージ型のエアコンを設置して個々の部屋ごとに運転する方式を「個別空調方式」と言います。
>
> 　空調設備では、温湿度を制御するために、室内や配管に温度センサーや湿度センサーを設置し、空調ダクトのダンパーや冷温水配管のバルブを開閉したり、加湿器を ON-OFF したりします。これらの空調制御機構は「自動制御設備」と呼ばれます。セントラル空調方式では、各居室や機械室に自動制御設備の配線が敷設されます。なお、自動制御設備は電気設備ではなく空調設備に含まれます。

5-2 動力制御盤とはどんなものか

●動力制御盤の役割

　動力機器に電源を供給するための配線用遮断器や保護装置、開閉器、制御回路などを組み込んだものが動力制御盤です。一般的な動力制御盤は鋼板製で、表面には個々の動力機器を発停(はってい)（ON-OFF）するための操作ボタンや、ON-OFF状態や故障を示す表示灯、電流計などが取り付けられています。

　動力制御盤は、空調機械室やポンプ室、屋外や屋上の設備ヤードなどに置かれ、さまざまな動力機器への電源供給元となると同時に、各機器の運転、停止を管理する役割を果たしています。

　例えば、空調設備では、冷凍機やボイラーなどの熱源機器の運転に連動して冷温水ポンプを起動したり、反対に、冷温水ポンプが動かないと熱源機器が起動できないようにしたりします。排水ポンプでは、排水槽（排水を一時的に貯留するタンク）の水位が一定レベル以上になったらポンプを起動して排水し、水位が一定レベル以下になったらポンプを停止します。

　機械室や屋上の設備ヤードに置かれているたくさんの動力機器は、動力制御盤の制御に従って起動したり停止したりしているのです。動力制御盤がオーケストラの指揮者のような役割を担っていると言ってもよいでしょう（図5-2-1）。

　なお、個々に制御盤を持っている機器にも、動力制御盤から電源を供給しますが、その場合は、動力制御盤側には開閉器や制御回路は不要となり、配線用遮断器を介して電源配線するだけになります。ただし、制御盤を持っている機器から運転、停止、故障などの状態信号を受け取って、ほかの機器を制御したり、故障警報を発したりする必要があるため、電源配線と合わせて制御や警報の配線も敷設されます。動力制御盤は制御や警報の信号をとりまとめる役目も負っているのです。

図 5-2-1　動力制御盤は機械室の指揮者

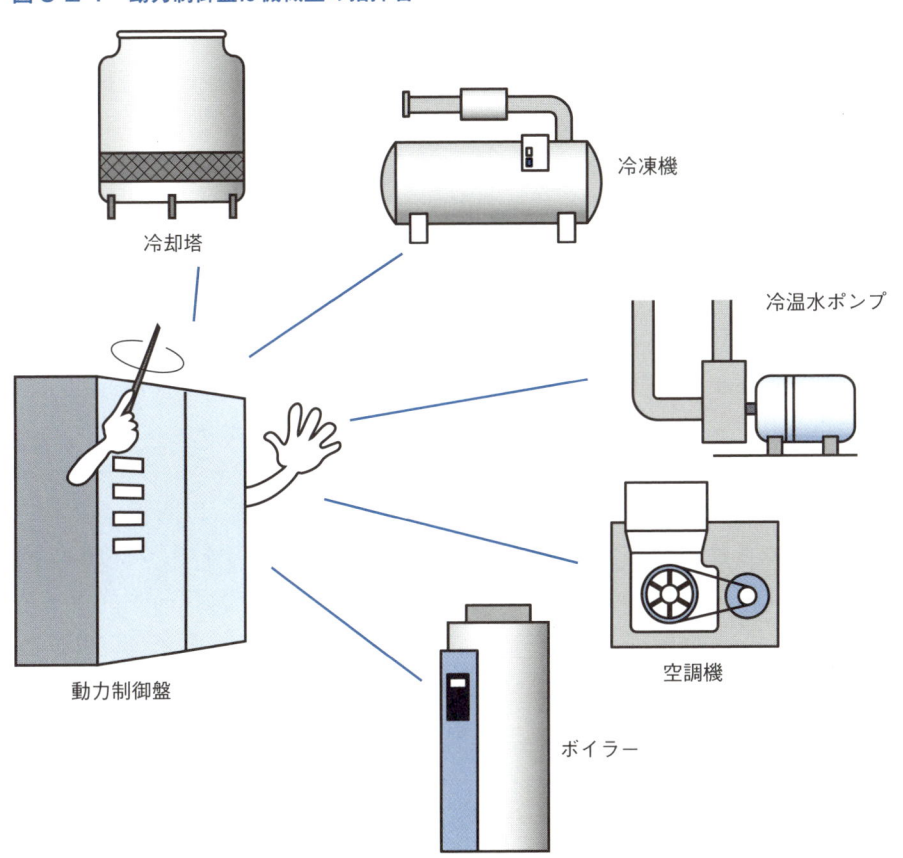

冷却塔

冷凍機

冷温水ポンプ

動力制御盤

空調機

ボイラー

5・動力設備

動力制御盤の外観

動力制御盤の内部

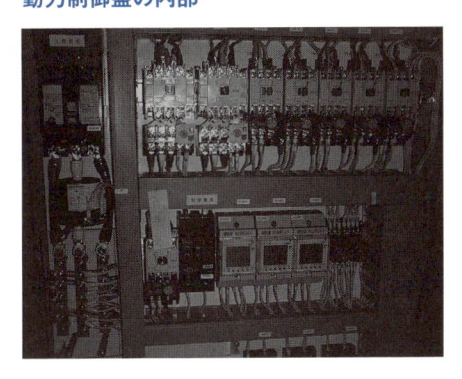

●制御回路のしくみと働き

　動力制御盤は電源の供給元なので、各動力機器の電源をON-OFFすることが動力制御盤の基本機能になります。この電源のON-OFFをコントロールするのが制御回路です。

　動力制御盤に組み込まれている制御回路のほとんどは、「シーケンス制御」という制御方式が使われています。シーケンス制御とは、あらかじめ定められている順序やルールにしたがって、機器をコントロールするというものです。「給気ファンが起動したら排気ファンも起動する」、「排水槽の水位があるレベルに達したらポンプを起動する」、「ポンプが止まったら10秒後にファンを止める」などのように、一定の条件下で所定の動きをさせるのがシーケンス制御です。

　動力制御盤内のシーケンス制御機構は、リレー（継電器）、開閉器、タイマーなどで構成されます（図5-2-2）。リレーは外部からの信号を受けてリレー内部の接点を閉じたり開いたりします。リレー内部の接点の開閉がスイッチの役割を果たして開閉器が開閉し、それにより動力機器の電源がON-OFFされるのです。「ポンプが止まったら10秒後にファンを止める」というような場合には、制御回路内にタイマーを組み込んでON-OFFのタイミングをコントロールします。

　シーケンス制御の起点となる外部からの信号には、人為的なスイッチ操作や中央監視設備からの発停指令、ほかの機器の発停状態を示す信号などがあります。そのほか、水槽の水位を検出する液面リレーからの信号や温度を検出するサーモスタットからの信号などもあります。

図 5-2-2　制御回路の基本構成

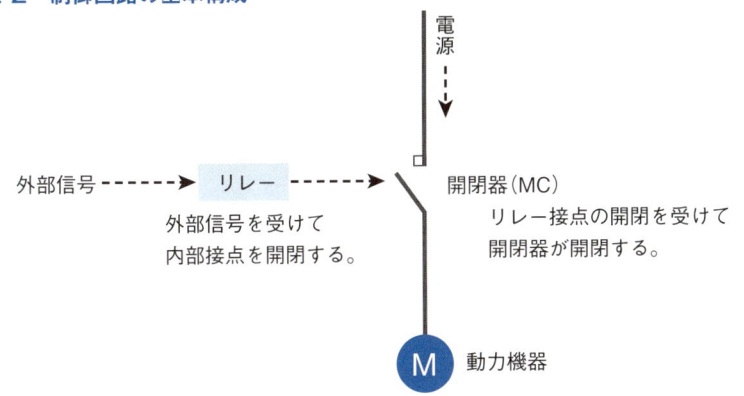

外部信号 ------→ リレー ------→ 開閉器（MC）
外部信号を受けて　　　　　　リレー接点の開閉を受けて
内部接点を開閉する。　　　　　開閉器が開閉する。

電源 → 開閉器（MC） → M 動力機器

> ### ❗ 連動とインターロック
>
> ある機器が起動したら別の機器も起動するとか、ある機器が起動したら別の機器を停止するような制御を「連動」と言います（図5-2-3）。また、ある機器が運転していなければ別の機器が起動できない（一定の条件が揃わなければ起動できない）ようにすることを「インターロック」と言います。
>
> ### 図 5-2-3　制御回路（運動制御の例） 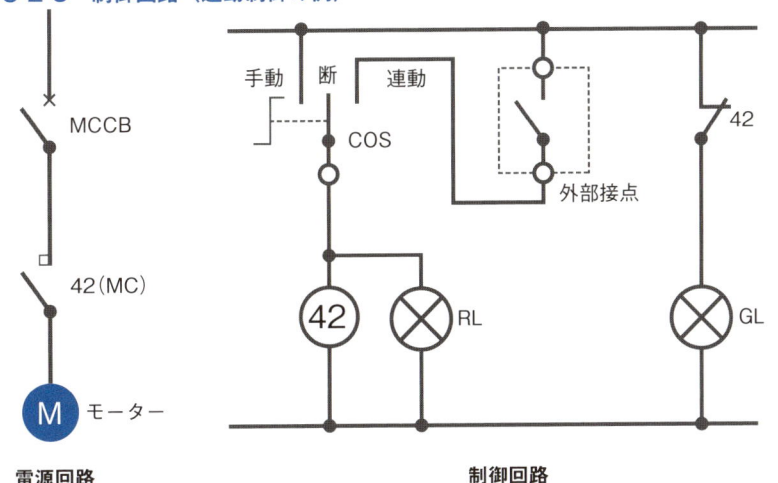
>
> 電源回路：MCCB — 42(MC) — M モーター
>
> 制御回路：手動／断／連動　COS、外部接点、42、RL（赤ランプ）、GL（緑ランプ）
>
> 外部接点が閉じると電源回路の42(MC)が閉じて赤色ランプ(RL)が点灯する。
> 外部接点が開くとMCが開いて緑ランプ(GL)が点灯する。
> 連動を解除して手動で発停するときは切り換えスイッチ(COS)を操作する。

5・動力設備

5-3 モーター（電動機）の始動法とは

●モーターの始動電流

　モーター（電動機）を起動すると、一時的に大きな電流が流れます。この電流を始動電流といいます。始動電流は定格電流の5〜8倍程度に達します。出力の小さなモーターなら始動電流が流れても特に大きな問題はないのですが、出力の大きなモーターの場合は、一時的に大きな始動電流が流れることで、電源側の設備に負担がかかってしまいます。また、始動電流の影響で電源側の電圧が一時的に低下することもあります。そのため、出力が大きいモーターを起動する際には始動電流を低減する措置をとる必要があるのです。

　日本電気協会が定める内線規定（経産省令である「電気設備技術基準」を受けて具体的な内容を定めた民間規定）では、「定格出力が3.7kWを超える三相誘導電動機は、始動装置を使用し、始動電流を抑制しなければならない」としています。一般的な汎用モーターで、定格出力3.7kWの1ランク上は5.5kWなので、この規定は、「定格出力5.5kW以上のモーターでは始動装置により始動電流を抑制する」と言い換えることができます。

　ただし、実務上は、必ずしも内線規定の定めた通りには運用されておらず、5.5kWの1ランク上の7.5kWか、2ランク上の11kWあたりから始動装置を設けるようにしていることも少なくありません。

　なお、始動装置もシーケンス制御を用いた制御回路の一種で、一般的にはほかの制御回路と一緒に動力制御盤に組み込まれるものです。しかし、モーターの容量や始動装置の方式によっては、始動装置自体が大きなものとなる場合もあり、そのような場合は、動力制御盤とは別に始動装置の盤を設けることもあります。

●モーターの始動法

　主なモーターの始動法には、以下のようなものがあります。ここではとくに、一般的な建物や施設の動力機器で最もよく使われているモーターである「低圧三相かご形誘導機」の始動方法を取り上げます（表5-3-1）。

表 5-3-1　主なモーターの始動法

	全電圧始動法	スターデルタ始動法	コンドルファ始動法	リアクトル始動法
回路構成	MCCB, MC, THR, M	MCCB, MC, THR, MC△, MC\, M	MCCB, MC, 始動用トランス, MC, THR, M	MCCB, MC, THR, 始動リアクトル, MC, M
始動電流	最大	全電圧始動の1/3	タップにより可変 全電圧始動の1/4まで低減可	タップにより可変 全電圧始動の1/2まで低減可
始動トルク	最大	全電圧始動の1/3	タップにより可変	タップにより可変
加速性	加速トルク最大	トルクの増加は小さい	トルクの増加はやや小さい	トルクの増加は大きい

●全電圧始動法

　始動装置を設けず、始動電流を低減する措置をとらない最もシンプルな始動法です。5.5kW 程度までの小容量のモーターならこの方法で問題ありません。「直入れ始動」とも呼ばれます。動力制御盤内には、電源を送り出す配線用遮断器と電源を ON-OFF する開閉器、開閉器を動作させるリレーが組み込まれます。

●スターデルタ（Y －△）始動法

　モーターの始動法として最もよく使われる方法です。定格出力 5.5kW ～ 15kW 程度のモーターで頻繁に使われます。スターデルタ始動法では、始動時にはモーターの巻線をスター形に結線し、始動後、一定の時間が経過したらデルタ形結線に切り換えます。始動電流は全電圧始動の１／３に低減されます。動力制御盤内には、電源を送り出す配線用遮断器と電源を ON-OFF する開閉器が組み込まれますが、スターデルタ始動の場合、開閉器はスター結線用とデルタ結線用の２台が必要になります。そのほか、開閉器を動作させるリレー、結線を切り換えるタイミングをコントロールするタイマーが組み込まれます（図5-3-1）。

　なお、スターデルタ始動法には、スター形からデルタ形に結線を切り替える方法の違いにより、オープンスターデルタ始動法とクローズドスターデルタ始動法があります。オープンスターデルタ始動法は結線切り替え時に一時的に電源が途切れます。クローズドスターデルタ始動法は、抵抗回路を入れることで、結線切り替え時に電源が途切れることを防いでいます。通常は、とくに支障のない限りオープンスターデルタ始動法を使います。

●コンドルファ始動法・特殊コンドルファ始動法

　定格出力 15kW 以上のモーターでよく使われる始動法です。モーターと電源の間にトランスを入れることで始動時の電圧を下げて始動電流を低減し、始動後に定格電圧に切り換えます。スターデルタ始動法に比べると高価ですが、始動電流は最大で全電圧始動の１／４まで低減することができます。特殊コンドルファ始動法は、コンドルファ始動法の改良版で、始動後に電圧を

段階的に昇圧するものです。

● リアクトル始動法

モーターと電源の間に始動リアクトルを入れることで、始動時の電圧を下げて始動電流を低減します。始動電流は最大で全電圧始動の1／2まで低減することができます。

図 5-3-1　スターデルタ始動装置

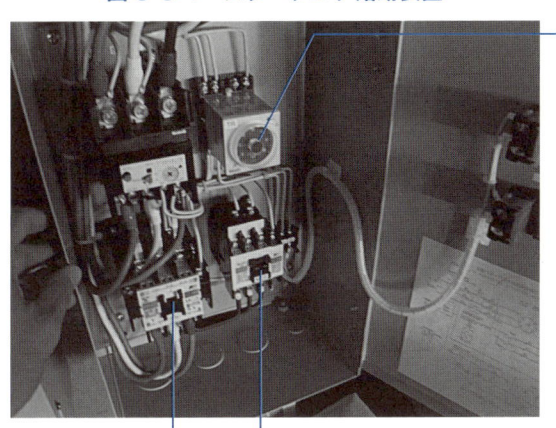

タイマー

開閉器（MC）　　　　　　　　（写真提供：㈲豊岡クラフト）

> **！　始動装置で非常用発電設備が小さくなる**
>
> 　始動装置によって始動電流を低減する具体的なメリットに、非常用発電機の出力（容量）を小さくできるということがあります。発電機は機器の始動電流をまかなうだけの出力が必要になります。個々の機器の始動電流が大きいと、それだけ大きな発電機が必要になります。始動装置によって始動電流を低減すると発電機容量も低減することができて経済的なのです。
> 　非常用発電設備の負荷に容量の大きな消火栓ポンプやスプリンクラーポンプなどがある場合は、始動電流の抑制効果が大きい始動装置を用いて発電機容量を小さく抑えると、トータルコストが低減できる場合があります。

5-4 モーター（電動機）の保護とは

●モーターの保護はなぜ必要なのか

　モーター（電動機）は、空調設備や衛生設備などのポンプ、ファン、コンプレッサーなどに使われています。モーターは負荷の掛かり具合によって回転速度（回転数）や電流が変化します。大きな負荷が掛かると、回転速度は低下しますが電流は増加します。極端に大きな負荷が掛かると、回転できなくなりますが、その場合には定格を超えた電流が流れ続けるため、そのまま放置すると電線やモーターの過熱を招き、焼損に至る恐れがあります。

　また、三相モーターには3本の電源線が接続されますが、3本のうち1本が外れた状態になると過電流が流れます。（三相電源のうちの1つが外れた状態を「欠相」といいます。）欠相による過電流でも、電線やモーターの過熱、焼損を招く恐れがあります。

　モーターを使う際には、過負荷や欠相による過電流、過熱、焼損を防止するための保護が必要になるのです。

●モーターの保護方法

　電源の送り出しに使われる配線用遮断器は、過電流や配線の短絡（ショート）で電源を遮断（トリップ）します。配線用遮断器は、その名の通り配線用であり、配線を過熱、焼損から保護するのが主目的で、電流が一定値を超えて、一定時間が経過したらトリップするような特性を持っています。しかし、通常の配線用遮断器の特性では、モーターの過負荷や欠相による過電流を検出できない部分があります。そこで、配線用遮断器に加えて、モーターの電流特性に合わせた保護装置を付加する必要が出てくるのです。

　モーターの保護の方法には、配線用遮断器や開閉器、保護継電器などの組み合わせ方によっていくつかのパターンがありますが、一般的に使われているのは以下の2つのパターンです。

●モーターブレーカーによる保護

　最もシンプルな方法が、モーター保護機能を兼ねた配線用遮断器である電動機保護用配線用遮断器（モーターブレーカー）を使う方法です（図5-4-1）。モーターブレーカーはモーターの定格に合わせて定格電流が設定されており、モーターの定格に合うブレーカーを選択する必要があります。なお、モーターの始動電流の大きさや始動時間の長さ、起動と停止の頻度などによっては、モーターブレーカーを適用できない場合もあります。

図5-4-1　モーターブレーカーによる保護

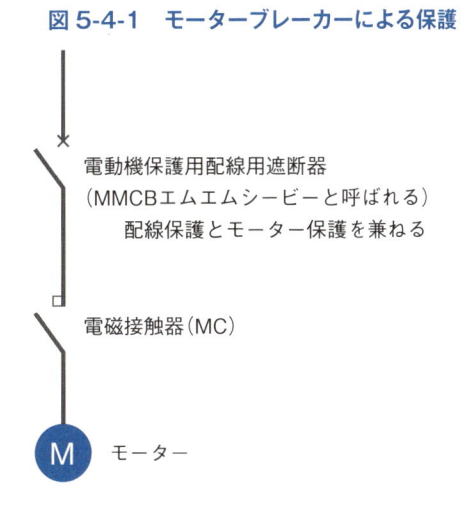

電動機保護用配線用遮断器
（MMCBエムエムシービーと呼ばれる）
　配線保護とモーター保護を兼ねる

電磁接触器（MC）

モーター

●配線用遮断器と開閉器による保護

　配線用遮断器と開閉器を組み合わせることでモーターを保護する方法です（図5-4-2）。配線用遮断器によって過電流や短絡から配線を保護し、開閉器によって過負荷や欠相からモーターを保護します。動力機器の電源を ON-OFF する開閉器は、電源を開閉する接触器と過負荷や欠相を検出するサーマルリレーによって構成されています。

図5-4-2　配線用遮断器と開閉器による保護

配線用遮断器（MCCB）
　過電流や短絡から配線を保護する

電磁接触器（MC）

サーマルリレー（THR）
　過負荷や欠相からモーター
　を保護する

5・動力設備

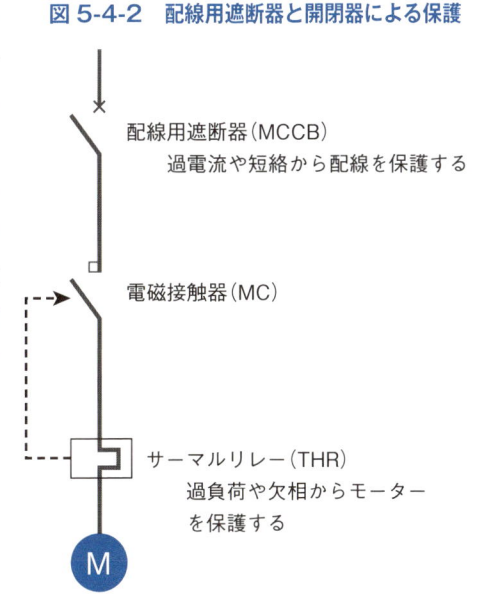

5-5 インバーターとはどんなものか

●インバーターとは

　モーターは、かかる負荷によって回転速度（回転数）や電流が変化しますが、モーターの回転速度を成り行きに任せたままでは、動力機器を狙い通りに制御することはできません。動力機器を使う際には、使用目的や使用状況に合わせてモーターの回転速度をコントロールする必要があるのです。例えば、モーターの回転速度を自在に変化させることで、ポンプの流量やファンの風量、エレベーターの速度などを目的に合わせて制御することができます。

　インバーターは、電圧と周波数を変化させることで、モーターの回転速度を制御するための装置です。三相モーターの回転速度は、電源の周波数に比例し、トルク（モーターの回転力）は電圧の二乗に比例するので、周波数と電圧をコントロールすることで回転速度を自在に変化させることができるのです。インバーターを使って電圧や周波数を制御することを「インバーター制御」または「VVVF（Variable Voltage Variable Frequency：可変電圧可変周波数）制御」と呼びます（図5-5-1）。

　なお、インバーターは、モーターの速度制御のほかにも、無停電電源装置（UPS）や蛍光灯の安定器、太陽光発電装置、鉄道、産業用機械などでも幅広く使われています。

●インバーターのメリット

　インバーターを使うと、モーターの回転速度を自在にコントロールできるので、動力機器をきめ細かく制御しながら使うことができます。空調設備では、温度調整のためにインバーターで空調機の風量を制御しています。衛生設備では、水道の蛇口から出る水の勢い（水圧）を一定に保つために、インバーターでポンプの流量を制御しています。

　インバーターを使ってきめ細かく制御すれば、モーターはその時々に必要な出力を発揮し、必要以上に大きな出力を出すことがなくなるので、省エネ

ルギーになります。また、起動時の始動電流も小さくすることができます。

●インバーターのデメリット

インバーターからは、電源側の波形を歪ませる高調波電流が発生します。高調波電流は、電子機器の誤動作、テレビやラジオの雑音、進相コンデンサの過熱など、さまざまなトラブルの原因となります。大容量モーターの制御にインバーターを使う場合や、多数のインバーターを使う場合は、高調波を吸収するフィルターを設置するなどの対策が必要になります。

また、インバーターでモーターを制御すると、モーターの振動が大きくなったり、高音の騒音が発生したりします。

図 5-5-1　動力制御盤に組み込まれたインバーター

インバーター

> **！ インバーターとコンバーター**
>
> 　電気の世界では、直流を交流に変換する装置のことをインバーターと呼び、交流を直流に変換する装置のことをコンバーターと呼ぶのですが、通常、インバーターと言うと、多くの場合は、モーターの速度制御のために電圧と周波数をコントロールする装置を意味します。
>
> 　厳密に言うと、通常インバーターと呼ばれる装置の中には、交流を直流に変換するコンバーター部分と直流を交流に変換するインバーター部分が組み込まれています。

5-6 動力設備の配線はどのように敷設するのか

●動力設備の配線敷設方法

　動力機器の電源線、制御線、警報線などは、動力制御盤から金属管やケーブルラック、配線ダクトなどを使って敷設されます。

　例えば、屋内の空調機械室やポンプ室の場合は、動力制御盤の上部から配線を出し、室内の上部（天井）に敷設した金属管やケーブルラックを経て、各動力機器の最寄りで金属管を下ろして、動力機器の制御盤や電源端子に配線を接続します。屋上や屋外の設備ヤードの場合は、動力制御盤の下部や側面から配線を出し、床上に敷設した金属管やケーブルラックを経て、各動力機器に配線を接続します（図5-6-1）。

　屋内、屋外いずれの場合も、金属管や配線ダクトだけを使って動力制御盤から動力機器まで配線が露出しないように敷設される場合は、電源線にIV電線を使うことができます。ケーブルラックやケーブルハンガーなどを使い、配線が露出して敷設される場合は、電線を使うことができないのでケーブルを使います。

●屋外や屋上の配管類

　屋外や屋上では、配管類の防錆や耐候性を考慮しなければなりません。鋼板製のケーブルラックや配線ダクトを使う場合は、防錆効果の高い溶融亜鉛メッキ（溶かした亜鉛の中に鋼材を入れることで、鋼材表面に亜鉛の被膜を作るメッキ手法で電気メッキよりも防錆効果が高い）を施したものやステンレス製のものを使います。また、金属管を使う場合は、厚鋼管（屋内で使われる「薄鋼管」と呼ばれる金属管よりも肉厚が厚いもの）やポリエチレンライニング鋼管（外側にポリエチレン製の被覆を施してある金属で「PE管」と呼ぶ）を使います。

　防錆を考慮して、金属製品ではなく塩化ビニル管などの合成樹脂製品を使うこともあります。ただし、合成樹脂製品は金属製品に比べて耐候性が劣る

という欠点があります。

● **機器接続部には可とう電線管**

　動力機器に配線をつなぎ込む部分は、金属製可とう電線管（通称「プリカチューブ」）という柔軟性のある配管が使われます。屋外の場合は、ビニル被覆金属製可とう電線管（通称「防水プリカチューブ」）が使われます。

図 5-6-1　動力設備の配管・配線

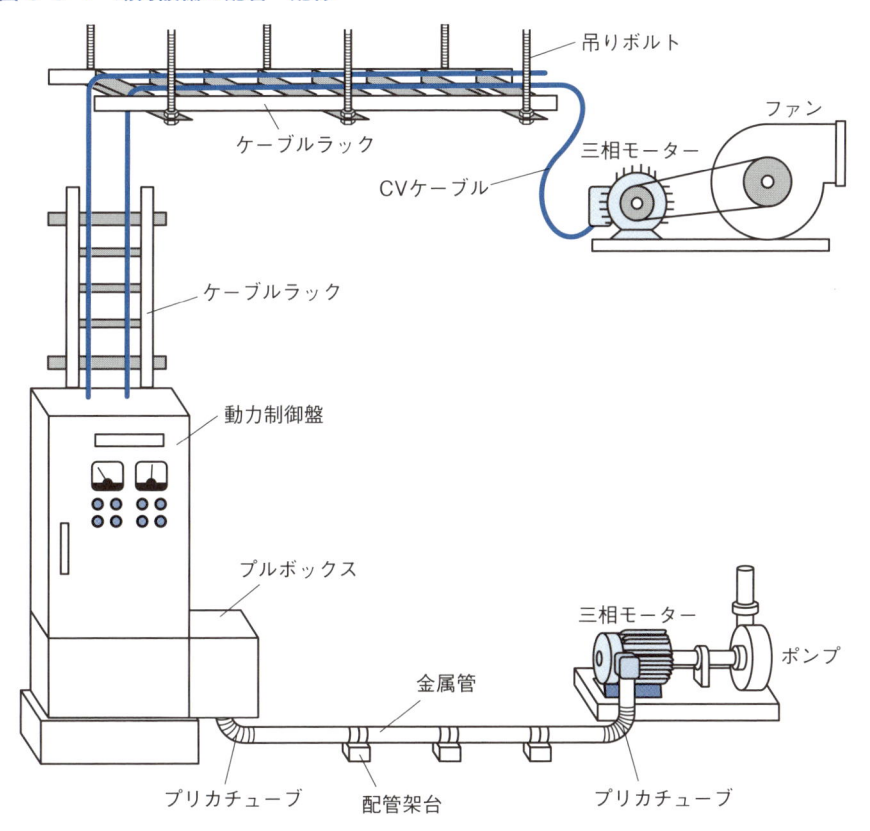

🛈 東日本と西日本で違うモーターの回転速度

　電力会社が供給する電力の周波数は、東日本では50Hz、西日本では60Hzということはよく知られています。静岡県の富士川と新潟県の糸魚川が周波数の境界線です。静岡県や新潟県、長野県などは、50Hzの地域と60Hzの地域が混在しています。

　インバーターのところで触れたように、三相モーターの回転速度は周波数に比例するので、周波数が50Hzの東日本と60Hzの西日本では、同じモーターでも回転速度が変わります。一般的によく使われている汎用4極モーターの同期速度は、50Hzでは毎分1,500回転、60Hzでは毎分1,800回転となります。同期速度とは、ひとことで言うと無負荷状態での回転速度です。通常、モーターは何らかの負荷が掛かった状態で回転するので、実際の回転速度は同期速度よりも小さくなります。

第6章

電灯コンセント設備

最も身近な電気と言える照明とコンセント。
照明器具やコンセントにはさまざまな種類があり
求められる機能も多岐に渡ります。
この章では、照明器具とコンセントの
種類や機能について説明します。

6-1 電灯コンセント設備とは

●電灯機器と電灯設備

　一般には、「電灯」と言うと、白熱灯や蛍光灯など電気を使った照明のことを指します。照明の電源には単相100Vや単相200Vが使われることから、電気設備では、単相100Vや単相200Vを指して電灯と呼んでいます。

　例えば、変電設備では、単相100Vや単相200Vの供給元となる単相トランスは「電灯トランス」と呼ばれます。照明以外で、単相100Vや単相200Vを使う機器も、広い意味で電灯機器とか電灯負荷と呼ばれます。具体的には、小容量の換気扇や洗面所の自動水栓（手をかざすと自動的に水が出る蛇口）、自動扉、電気温水器などがあります。そのほか、自動火災報知設備、機械警備設備、構内放送設備、テレビ共同聴視設備、インターホン設備など、建物で使われる弱電設備のほとんどは単相100Vを電源としており、電灯機器の種類や用途は多岐に渡ります（図6-1-1）。

　「電灯コンセント設備」とは、照明器具、コンセントとともに、照明器具をはじめとする電灯機器やコンセントに電源を供給するための分電盤や配線、スイッチなど指します。

図6-1-1　単相100V・単相200Vを必要とする機器

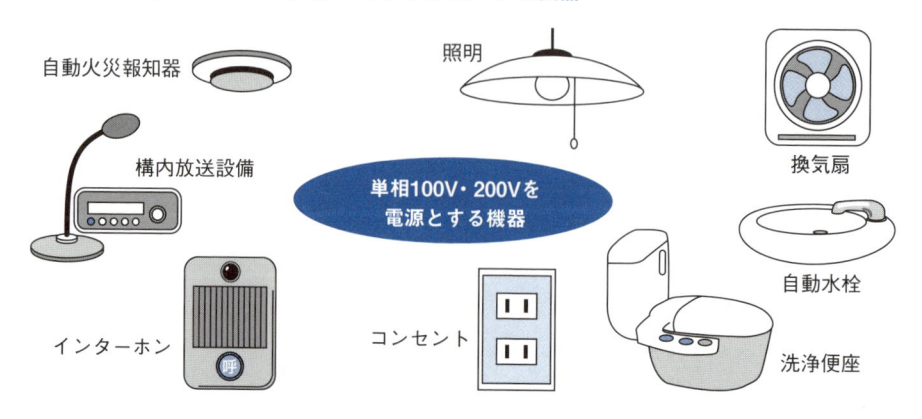

●分電盤と分岐回路

　電灯コンセント設備の電源供給元になるのが、電灯分電盤です。分電盤に組み込まれた配線用遮断器から、各所の照明、コンセント、そのほかの電灯機器に電源配線が敷設されます。コンセントから電源を取る電化製品や照明、そのほかの電灯機器は、ほとんどが最大でも1500W程度で、動力機器に比べると小容量です。動力設備では、通常、個々の機器ごとに配線用遮断器や開閉器、保護継装置などを設けますが、電灯コンセント設備では、小容量の負荷をまとめて1つの配線用遮断器で電源供給します。具体的には、20Aの配線用遮断器を電源供給元にして、1つの「分岐回路」を構成します。

　1つの分岐回路でまかなう負荷の範囲は、電源供給場所や負荷種別などを考慮して決められます。例えば、1つの部屋の照明だけで1つの分岐回路にしたり、洗面所とトイレの照明とコンセントをまとめて1つの分岐回路にしたりします。室内の照明と屋外のコンセントを同じ分岐回路にすると、屋外のコンセントの漏電や短絡（ショート）で室内側が停電してしまい、使い勝手が良くないので、このような場合は、別の分岐回路にします。

　なお、1000〜1500W程度の比較的大きな機器の場合は、ほかの機器と同じ分岐回路にせず、1つの機器だけで分岐回路を構成します。20Aのブレーカーではまかなえない大容量の機器の場合は、必要な大きさのブレーカーを設けて「単独回路」にします。また、容量が大きくなくても、重要度の高い機器や防災関係の機器は単独回路にして、ほかの機器の影響で電源が遮断されることがないようにします（図6-1-2）。

図6-1-2　分岐回路の構成例

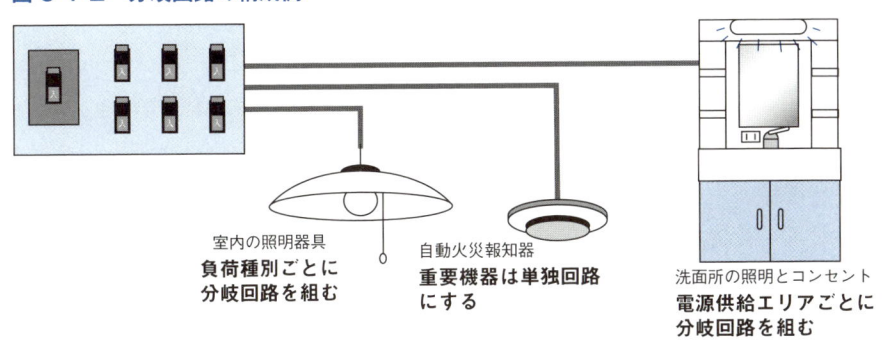

室内の照明器具
負荷種別ごとに分岐回路を組む

自動火災報知器
重要機器は単独回路にする

洗面所の照明とコンセント
電源供給エリアごとに分岐回路を組む

6-2 分電盤とはどんなものか

●電灯分電盤とは

　照明やコンセント、そのほかの電灯機器に電源を送るための配線用遮断器（ブレーカー）を組み込んだものが電灯分電盤です。最も身近な電灯分電盤は、住宅に設置されている家庭用の分電盤でしょう。戸建て住宅でもマンションでも、まず間違いなく一家に1つあるはずです（図6-2-1）。

　動力設備の場合は動力制御盤で電源をON-OFFしますが、電灯設備では、照明はそれぞれの部屋にスイッチを設け、コンセントから電源を取る機器はそれぞれの機器にスイッチがついています。そのため、動力制御盤のような制御機能を電灯分電盤が持つことはほとんどなく、単に電源の供給元となるだけなので電灯制御盤とは呼びません。

図6-2-1　住宅用の電灯分電盤

メインブレーカー　　　　　　　分岐ブレーカー

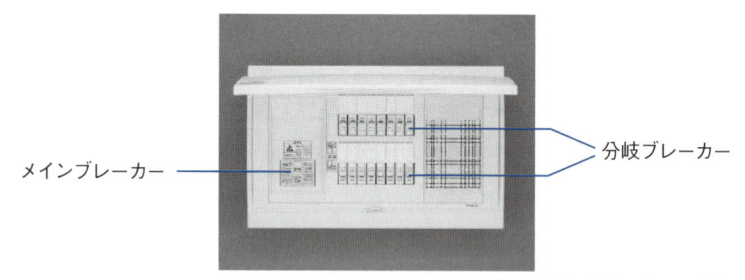

（写真提供：東芝ライテック㈱）

　しかし、実際には電灯分電盤の中の制御回路で電源をON-OFFする場合もあります。例えば、屋外の照明を自動的にON-OFFしたいような場合は、電灯分電盤の中にタイマーや開閉器を組み込んで制御します。

　なお、一般に分電盤と言うと電灯分電盤を指すことが多いのですが、分電盤とは電気を分岐回路に分けるものであり、厳密に言えば、分電盤が必ずしも電灯分電盤を指すとは限りません。例えば、工場などで、生産用の動力機

器に電源を送るために設ける分電盤もあります。そのような分電盤は、「生産分電盤」とか「動力分電盤」と呼ばれます。

●電灯分電盤の構成

電灯分電盤は、1台の主幹(メインブレーカー)と複数の分岐回路用の配線用遮断器(分岐ブレーカー)で構成されます。電気室やキュービクルの低圧配電盤から敷設された低圧幹線はメインブレーカーに接続され、メインブレーカーの二次側(負荷側)に取り付けられた分岐ブレーカーによって分岐回路に分けられます(図6-2-2)。

図6-2-2　ビル用の電灯分電盤

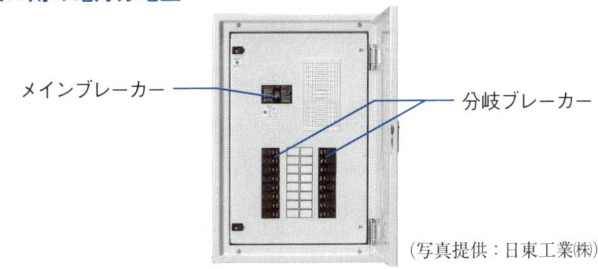

メインブレーカー　　分岐ブレーカー

(写真提供:日東工業㈱)

　単相100Vの分岐回路の場合は、2本の電源線を1つのブレーカーに接続する方法と、電源線の内、電圧線だけをブレーカーに接続し、中性線(接地されていて対地電圧のかからない線)は、ニュートラルスイッチと呼ばれる端子に接続する方法があります。中性線は対地電圧が0Vなので、事故時に遮断する必要はありません。電圧線だけにブレーカーを接続することで、分電盤をコンパクト化できるのです。なお、単相100Vでは、中性線だけが遮断された状態になると、電圧線に異常電圧がかかることがあるので注意が必要です。

　電圧線だけをブレーカーに接続する場合は、1極ブレーカー(1Pブレーカー)を使い、2本の電源線をブレーカーに接続する場合は、2極ブレーカー(2Pブレーカー)を使います。現在ではブレーカーのコンパクト化が進み、かつての1Pブレーカーと同じ大きさの2Pブレーカーができているため、2Pブレーカーを使うことが多くなっています。

6-3 さまざまな照明器具と光源① （蛍光灯、白熱灯）

●照明に求められるもの

　照明の目的は、単に明るさを確保するだけではありません。事務作業をするための照明なら、部屋全体を明るくし、手元も影ができないように明るくする必要があります。病院では、診察や処置に必要な明るさを確保すると同時に、ベッドに寝ている患者さんが眩しく感じないように光を遮る必要があります。デザインや印刷に関わる作業をする際は、色を正しく再現できる照明が必要です。店舗では、照明で商品を引き立て、店内の雰囲気を演出します。スーパーマーケットと宝飾品店では求められる明るさも雰囲気も違い、照明手法も異なるので、使われる照明器具やランプも違います。

　場所や目的だけでなく、時間によっても照明に求められる機能は変わります。電気設備の中では、照明は最も目に付きやすい身近な存在ですが、最も奥が深い存在でもあるのです。

●さまざまな光源

　照明の光源として使われるランプには、さまざまな種類があります。住宅や事務所ビル、工場、駅など、あらゆる場所で幅広く使われているのが蛍光灯です。住宅や店舗では白熱灯もよく使われます。白熱灯はエネルギー効率が悪いことから、以前に比べれば、使われなくなっていますが、それでもまだ、さまざまなところで使われています。体育館や屋外施設、道路などでは、高輝度放電灯（HIDランプ　HID :High Intensity Discharge）が使われます。

　エネルギー効率が良く、ランプ寿命が長いなどの理由で普及し始めたのがLED（Light Emitting Diode　発光ダイオード）ランプです。LEDランプは、白熱灯の代替のほか、店舗の演出用などにも使われています。

●蛍光灯の種類（蛍光ランプ）

　ひとことで蛍光灯と言っても多種多様です。家庭用の照明器具でよく使わ

れる丸型蛍光灯、事務所ビルや駅で使われる直管蛍光灯、白熱電球の代替として使われるコンパクト形蛍光灯など、さまざまな形状があります。

また、通常の蛍光灯よりも明るさを増した三波長発光形蛍光灯や高周波点灯専用管（HF蛍光灯）などもあります。三波長発光形蛍光灯は、人間の目が感じやすい赤、青、緑の3つの波長に光を集中することで、明るさや演色性を高めています。HF蛍光灯は、電子式安定器と組み合わせて使うことで、高効率化を図ることができるランプです（図6-3-1）。

図6-3-1　さまざまな蛍光灯

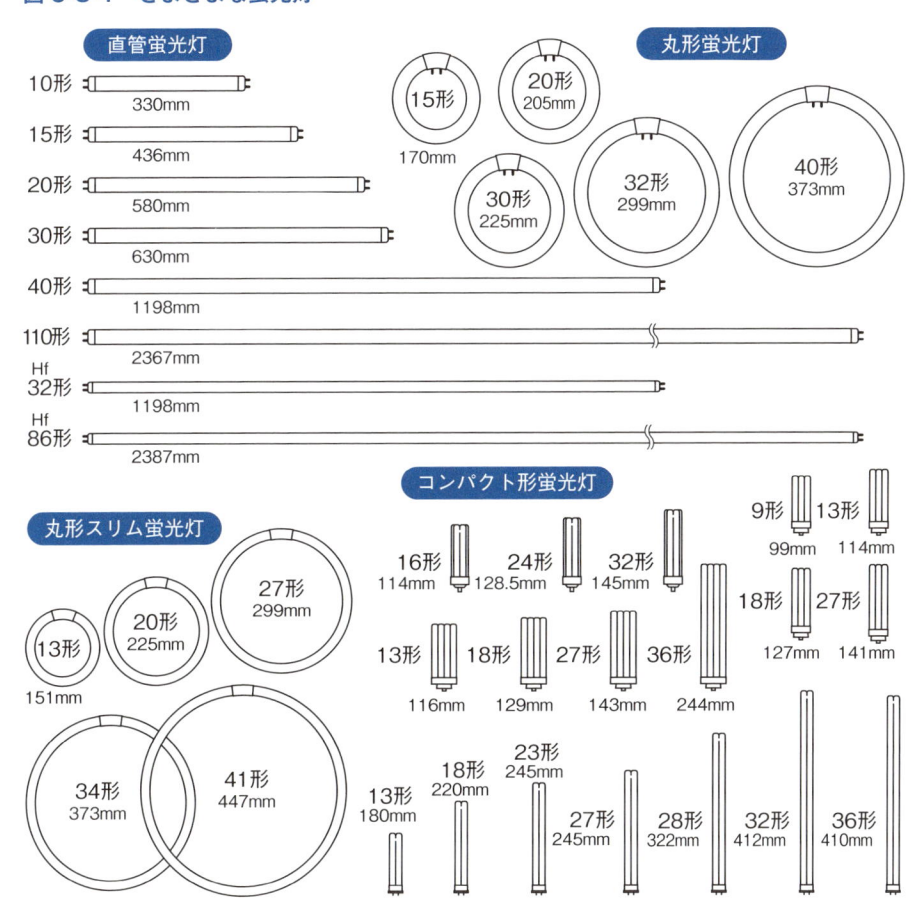

直管蛍光灯
- 10形　330mm
- 15形　436mm
- 20形　580mm
- 30形　630mm
- 40形　1198mm
- 110形　2367mm
- Hf32形　1198mm
- Hf86形　2387mm

丸形蛍光灯
- 15形　170mm
- 20形　205mm
- 30形　225mm
- 32形　299mm
- 40形　373mm

丸形スリム蛍光灯
- 13形　151mm
- 20形　225mm
- 27形　299mm
- 34形　373mm
- 41形　447mm

コンパクト形蛍光灯
- 16形　114mm
- 24形　128.5mm
- 32形　145mm
- 13形　116mm
- 18形　129mm
- 27形　143mm
- 36形　244mm
- 9形　99mm
- 13形　114mm
- 18形　127mm
- 27形　141mm
- 13形　180mm
- 18形　220mm
- 23形　245mm
- 27形　245mm
- 28形　322mm
- 32形　412mm
- 36形　410mm

解説　演色性：光源による光の見え方の違いであり、太陽光のもとで見える自然色に近いほど「演色性が良い」という。

●蛍光灯の種類（安定器）

　蛍光灯を点灯するためには、安定器と呼ばれる装置が必要です。蛍光灯はランプ内の電極間に生じる放電によって発光しますが、安定器は蛍光灯の放電を安定的に維持するために電流をコントロールする役割を果たします。安定器には、磁気回路式（銅鉄式）と電子式（インバーター式）があります。磁気回路式は、鉄心に導線を巻いたコイル（チョークコイル）によってランプの電流をコントロールします。電子式は、インバーターで発生させる高周波によって放電を維持するもので、磁気回路式に比べて、安定器本体を小型軽量化でき、エネルギー効率も良いというメリットがあります。

　なお、磁気回路式安定器には、ランプの放電を開始させるための点灯方式の違いにより、ラピッドスタート式とスターター式があります。ラピッドスタート式の安定器には始動補助装置が組み込まれており、スイッチを入れるとランプが即時点灯します。スターター式にはグローランプ（点灯管）を使うグロースターター式と電子回路を使う電子スターター式があります（図6-3-2）。

図 6-3-2　蛍光灯安定器と始動法式の種類

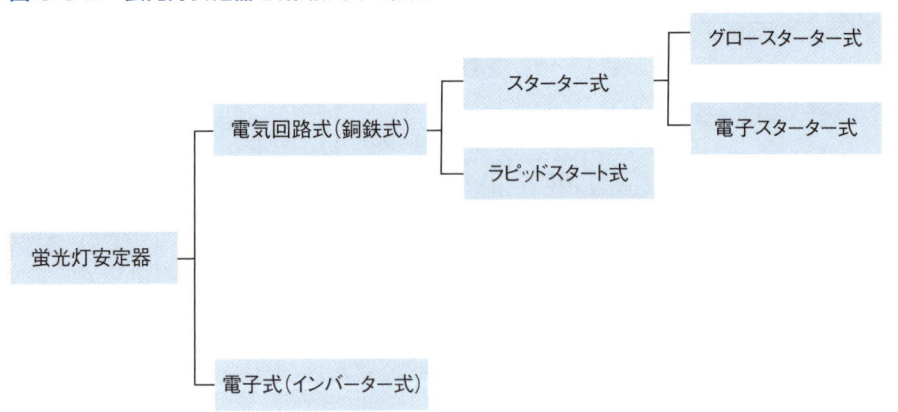

```
蛍光灯安定器 ─┬─ 電気回路式（銅鉄式） ─┬─ スターター式 ─┬─ グロースターター式
              │                          │                └─ 電子スターター式
              │                          └─ ラピッドスタート式
              └─ 電子式（インバーター式）
```

●白熱灯の種類

　白熱灯は、フィラメントと呼ばれるコイル状の抵抗に電流を流すことで発光します。蛍光灯と違い安定器は必要なく、最も安価でシンプルな照明と言えます。白熱灯の光は太陽光と同じように連続したスペクトルを持つため、演色性が優れています。交流でも直流でも点灯できるのも白熱灯の特徴です。

　白熱灯には、一般的な白熱電球、透明なクリア電球、管球内部にクリプトンガスを封入して白熱電球より効率をアップしたクリプトン電球、管球の一部にアルミを蒸着して反射鏡とし、一定の方向に光を照射するレフランプなどがあります。装飾用のシャンデリアに使うために、管球をろうそくの炎の形にしたシャンデリア電球というものもあります（図6-3-3）。

図6-3-3　さまざまな白熱灯

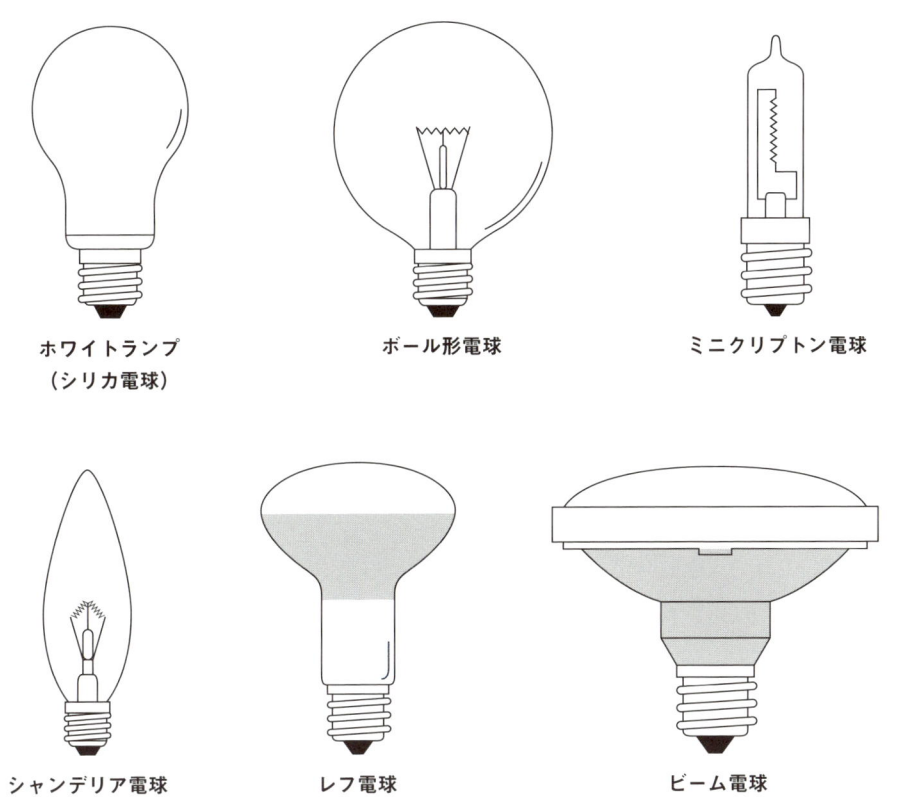

ホワイトランプ
（シリカ電球）

ボール形電球

ミニクリプトン電球

シャンデリア電球

レフ電球

ビーム電球

6-4 さまざまな照明器具と光源② (高輝度放電灯、照明器具、照明手法)

●高輝度放電灯の種類

　高輝度放電灯には、管球内にアルゴンガスと水銀蒸気を封入した水銀灯、アルゴンガスと水銀蒸気に加えてハロゲン化金属の蒸気を封入したメタルハライドランプ、アルゴンガスと水銀蒸気に加えて高圧ナトリウム蒸気を封入した高圧ナトリウムランプなどがあります（図6-4-1）。

　水銀灯は、体育館や屋外などで幅広く使われています。メタルハライドランプは、水銀灯よりも効率が高く演色性も優れています。高圧ナトリウムランプは、メタルハライドランプよりもさらに効率が高くなりますが、オレンジ色がかった光を発するため演色性は劣ります。

　高輝度放電灯は点灯を開始してから徐々に明るくなり、光が安定するまでに一定の時間を要します。高輝度放電灯の点灯には安定器が必要ですが、始動時の電流の流れ方の違いにより、一般形、低始動電流形、定電力形などの種類があります。

　一般形は始動時には安定時の1.6〜1.8倍の電流が流れます。低始動電流形の始動電流は一般形よりも抑制されます。定電力形は大きな始動電流が流れず、始動時も安定時も同じ電流になります。なお、低始動電流形や定電力形では、始動電流が抑制されている分、光が安定するまでの時間が長くなります。

図 6-4-1　高輝度放電灯の例

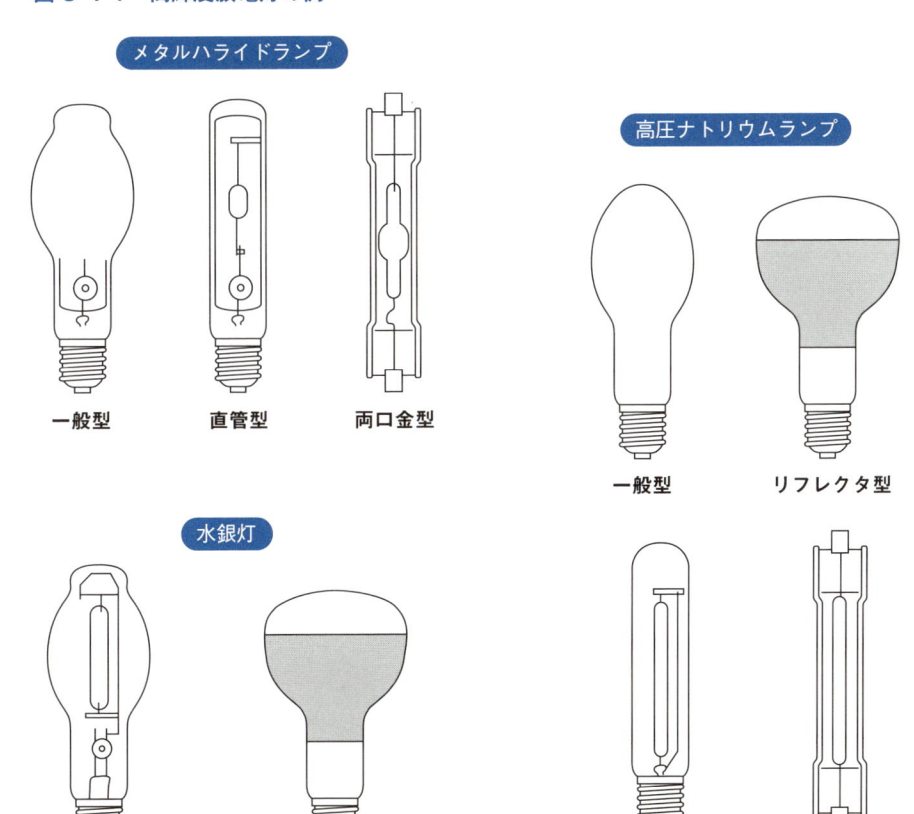

メタルハライドランプ
一般型　　直管型　　両口金型

高圧ナトリウムランプ
一般型　　リフレクタ型

水銀灯
一般型　　リフレクタ型　　直管型　　両口金型

●ベース照明の種類

　事務所や工場などで部屋全体に必要な明るさを確保するための照明を「ベース照明」と言います。事務所などのベース照明には、蛍光灯器具が使われます。天井の高い工場や倉庫などの大空間のベース照明には、蛍光灯器具や高輝度放電灯器具が使われます。

　ベース照明として使われる蛍光灯器具には、天井面の下に取り付ける「天井直付け形器具」と天井面に開口をあけて天井面より上に器具を取り付ける「天井埋込み形器具」があります。また、器具にアクリル製のカバーを取り

付けてランプが直接見えないようになっている「アクリルカバー付き器具」や、ルーバーと呼ばれる格子状の遮光板を取り付けた「ルーバー付き器具」などがあります。

　室内の雰囲気を重視する際には、ランプが露出せず光をやわらげる効果もあるアクリルカバー付き器具を使います。パソコンを使う部屋では、パソコン画面にランプが映り込むのを防ぐためにルーバー付き器具を使います（図6-4-2）。特に、パソコン画面への映り込みを防ぐことを目的としたルーバーは「OA ルーバー」と呼ばれ、映り込みを防ぐ効果の程度によりクラス分けされています。JISでは照明器具のグレア（不快に感じる眩しさ）を「グレア分類」という6段階に規定しています（表6-4-1）。

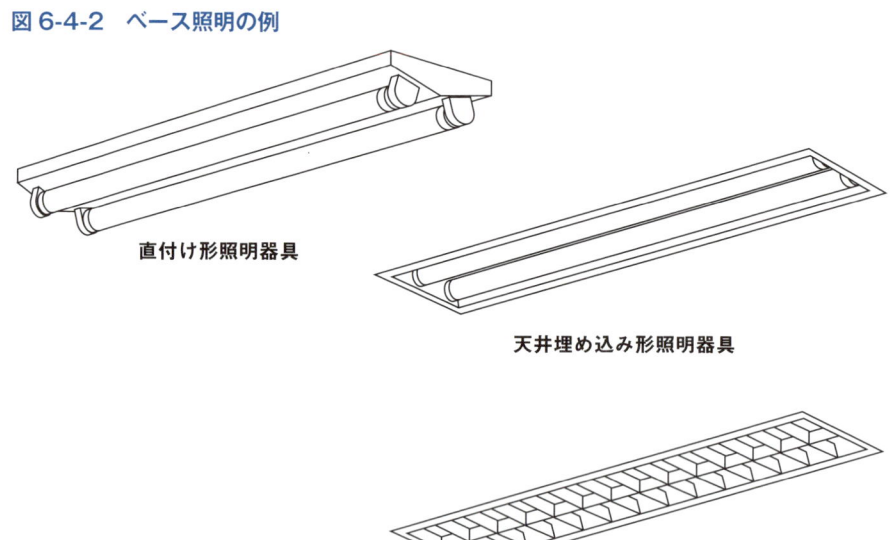

図 6-4-2　ベース照明の例

直付け形照明器具

天井埋め込み形照明器具

ルーバー付き器具

アクリルカバー付き器具

表6-4-1 照明器具のグレア分類と輝度制限（JIS C8106 2008）

グレア分類	内容	各鉛直面における最大輝度(cd/m²)		
		65°	75°	85°
V	VDT画面への映り込みを厳しく制限した照明器具	200	200	200
G0	不快グレアを厳しく制限した照明器具	3000	2000	2000
G1a	不快グレアを十分制限した照明器具	7200	4600	4600
G1b	不快グレアをかなり制限した照明器具	15000	7300	7300
G2	不快グレアをやや制限した照明器具	35000	17000	17000
G3	不快グレアを制限しない照明器具	制限なし		

VDT:Visual Display Terminals

●空間演出のための照明

　物販店舗や飲食店、ホテルなどでは、明るさの確保だけでなく、空間の雰囲気を演出するためにさまざまな照明器具が使われています。

　ホテルのロビーや宴会場などには、ベース照明と装飾を兼ねたシャンデリアが使われます。さまざまな商業施設の壁面装飾や空間のアクセントとして、壁付けのブラケット形照明器具が取り付けられたり、天井面から壁を照らすウォールウォッシャータイプのダウンライトやスポットライトが取り付けられたりします。ホテルの客室では、実用と装飾の両面から、内装デザインとマッチしたスタンド形の照明器具を置くこともあります（図6-4-3）。

　照明器具や光源を目に触れないように隠して、天井面や壁面に光を当てる間接照明という手法が用いられることもあります。間接照明などの際に、建築工事によって照明器具を組み込むスペースをつくり、建築と照明器具を一体化する手法を「建築化照明」と言います。

図6-4-3 空間演出のための照明の例

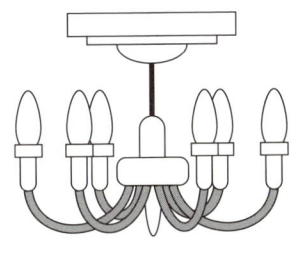

シャンデリア　　　　ブラケット形照明器具　　　　スポットライト

●タスク&アンビエント照明

　事務所や工場の作業場所などで、ベース照明と作業用の手元照明を併用する手法を「タスク&アンビエント照明」と言います。室内全体にある程度の明るさを確保するのが「アンビエント（ambient）照明」で、作業者の手元を照らすのが「タスク（task）照明」です（図6-4-4）。

　タスク照明があることで、作業者は手元が明るくなって作業がしやすくなります。作業用の明るさはタスク照明によって確保できるので、アンビエント照明のほうは、ある程度は明るさを落とすことができます。そのため、ベース照明だけで作業用の明るさを確保する場合よりも、作業環境が良く、かつ、省エネルギーになる場合もあります。

図6-4-4　タスク&アンビエント照明

⚠ 光害と光害対策ガイドライン

　屋外照明が周辺環境に悪影響をもたらすことを「光害(ひかりがい)」と言います。（光害を「こうがい」と呼ぶこともありますが、公害と区別するために、通常は「ひかりがい」と呼びます。）環境省では、「光害対策ガイドライン」を策定し、屋外照明のチェック項目を定めています。

●屋外用照明器具

　屋外で使う照明器具にも、さまざまな種類があります。建物の敷地の入口や車が通る構内通路を照らすためには、ポール灯やハイウェイ灯が使われます。夜間作業するような場所には投光器が使われます。ポール灯、ハイウェイ灯、投光器などの光源には、主に高輝度放電灯が使われます。

　人が通る通路や植栽部分などには、庭園灯（ガーデンライト）が使われます。建物の外壁や塀などに埋め込む足元灯（フットライト）もあります。庭園灯や足元灯の光源には、蛍光灯、白熱灯、LEDランプなどが使われます（図6-4-5）。

　屋外の照明を計画する際には、必要な明るさを確保するのはもちろんですが、逆に、周辺に余分な光が当たらないように配慮しなければならないこともあります。住宅地域に隣接するビルや工場、野外施設などでは、近隣住民への配慮が必要です。また、田畑に隣接している場合は、夜間の照明が作物の生育に影響を与えることがあるので注意が必要です。

図6-4-5　屋外用照明器具の例

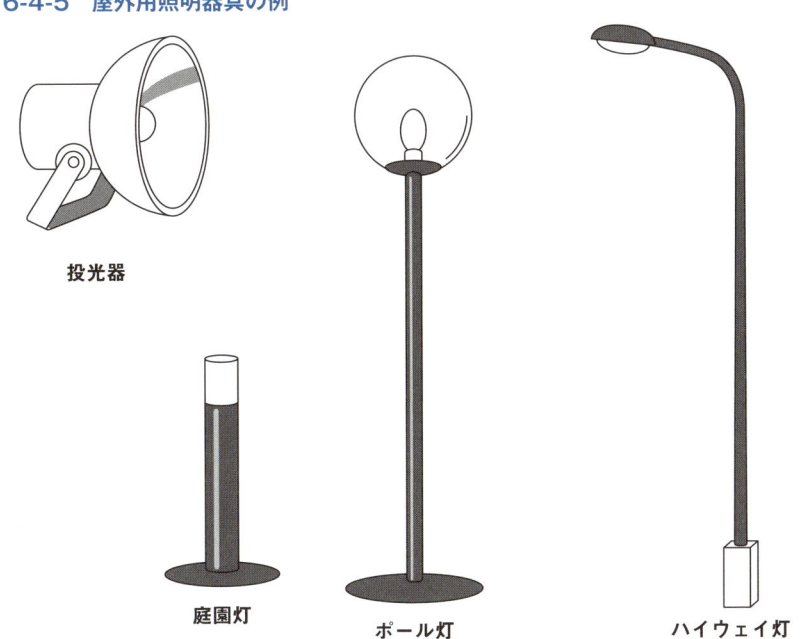

投光器　　庭園灯　　ポール灯　　ハイウェイ灯

6-5 適切な照明環境とは

● JIS 照明基準とは

　JISでは、照明設計基準を定めており、その中で、場所や作業ごとに、推奨する照度、均斉度、グレア、演色性を規定しています。

　照度とは、光の当たっている面の明るさのことで、明るさの指標として一般的に使われる数値です。照度の単位はlx（ルクス）で、数値が大きくなるほど明るいことを意味します。

　均斉度（照度均斉度）とは、ある面の平均照度と最小照度の比で、明るさのバラつきを示します。均斉度の最大値は1で、1に近いほど明るさのバラつきが少ないことを意味します。

　グレアとは、視野内の輝度の対比によって感じる眩しさを示します。グレアは人に不快感を与えるとともに物を見えにくくするので、一定レベル以下に抑える必要があります。グレアの程度は、屋内では屋内統一グレア評価値（UGR：Unified Glare Rating）、屋外ではグレア評価値（GR：Glare Rating）という数値で表され、UGR値やGR値が制限値を超えないことが望ましいとされます（表6-5-1）。

　演色性とは、光源の違いによる物の色の見え方の違いのことで、平均演色評価数で表されます（表6-5-2）。平均演色評価数の最大値は100で、100に近いほど演色性が良いことを意味します。

表 6-5-1　屋内統一グレア評価値（左）とグレア評価値（右）

UGR段階	グレアの程度
10	感じ始める
13	感じられる
16	気になると感じ始める
19	気になる
22	不快であると感じ始める
25	不快である
28	ひど過ぎると感じ始める

GR段階	グレアの程度
10	気にならない
30	あまり気にならない
50	許容できる限度
70	邪魔になる
90	耐えられない

JIS Z9110:2010を基に作成

表 6-5-2　基本的な照明基準

場所・作業（屋内作業）	維持照度(lx)	均斉度	UGR制限値	平均演色評価数
超精密な視作業	2000	0.7	16	80
非常に精密な視作業	1500	0.7	16	80
精密な視作業	1000	0.7	19	80
やや精密な視作業	750	0.7	19	80
普通の視作業	500	0.7	22	60
やや粗い視作業	300	0.7	22	60
粗い視作業、継続的に作業する部屋	200	—	—	60
作業のために継続的に使用しない所	150	—	—	40
ごく粗い視作業、短い訪問、倉庫	100	—	—	40

場所・作業（屋外作業）	維持照度(lx)	均斉度	GR制限値	平均演色評価数
細かい作業	200	0.5	45	60
正確な作業	100	0.4	45	40
粗い作業	50	0.4	50	20
非常に粗い作業	20	0.25	55	20
非常に粗い短時間作業	10	—	—	20

JIS Z9110:2010を基に作成

● **JIS が定める維持照度の推奨値**

　JIS では、建物の用途、場所、作業内容などによって、照度(しょうど)、均斉度(きんせいど)、グレア、演色性(えんしょくせい)の推奨値を細かく定めています。大まかな照度の目安は図 6-5-1 の通りです。

図 6-5-1　大まかな照度の目安

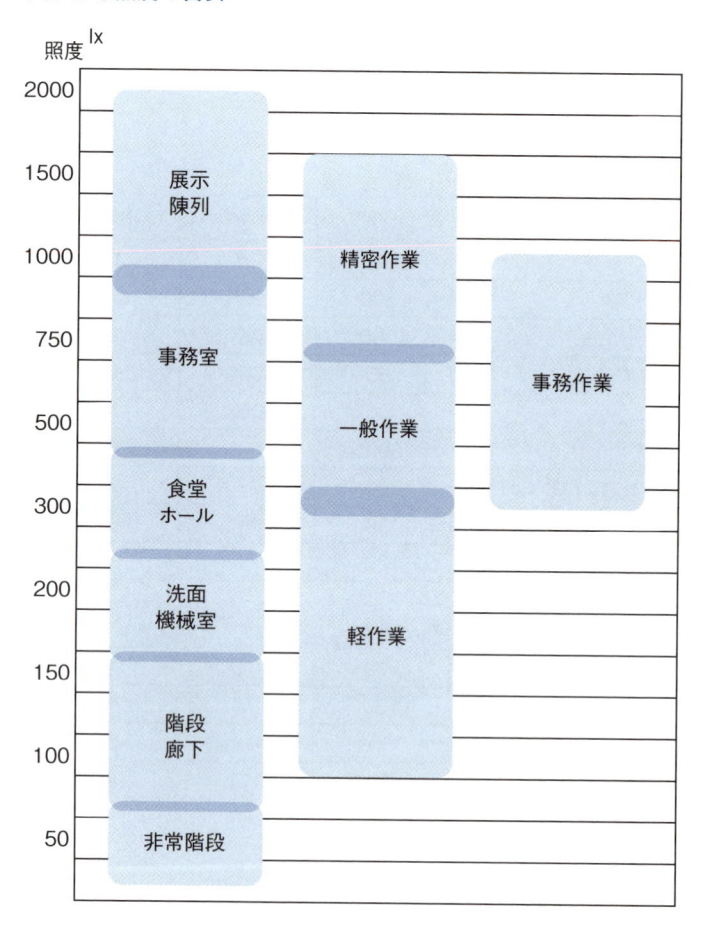

照度 lx

照度(lx)	場所・用途	作業	作業
2000			
1500	展示 陳列	精密作業	
1000			事務作業
750	事務室		
500		一般作業	
300	食堂 ホール		
200	洗面 機械室	軽作業	
150			
100	階段 廊下		
50	非常階段		

主な建物の場所や作業内容ごとの推奨照度は、以下の表6-5-3〜6-5-6の通りです。

　なお、JISの基準の中には、事務所や工場のほかに映画館や美術館なども含まれていますが、多くは作業することを前提にした基準となっています。作業性を考えれば、JISの基準にしたがって、一定以上の明るさを確保し、眩しさや明るさのムラがない均質な照明環境をつくるのが望ましいということになります。しかし、空間の演出を考える場合は、必ずしも、明るく均質な照明環境が望ましいとは限りません。

　例えば、店舗の壁面をスポットライトで照らして空間にアクセントをつけようとするなら、明暗の対比を際立たせたほうが効果的ですから、周囲を適度に暗くする必要があります。また、スキー場などのナイター照明では、演色性の低いナトリウムランプや水銀灯をミックスして使うカクテルライトという手法によって、独特の雰囲気をつくり出している場合もあります。

表 6-5-3　推奨照度の例（事務所）

単位:lx

作業・場所		推奨照度
作業	設計、製図	750
	キーボード操作、計算	500
執務空間 共用空間	設計室、製図室、事務室、役員室、玄関ホール（昼間）	750
	会議室、応接室	500
	診察室、印刷室、電子計算機室、調理室	
	集中監視室、制御室、守衛室	
	受付、宿直室、食堂、化粧室、エレベーターホール	300
	喫茶室、ラウンジ、給湯室、倉庫、更衣室	200
	便所、洗面所、電気室、機械室	
	階段	150
	休憩室、倉庫、廊下、エレベーター	100
	玄関ホール（夜間）、玄関（車寄せ）	
	屋内非常階段	50

JIS Z9110:2010を基に作成

表 6-5-4　推奨照度の例（工場）

単位:lx

作業・場所		推奨照度
作業	精密機械、電子部品製造、印刷工場での極めて細かい視作業	1500
	繊維工場での選別・検査、印刷工場での植字・校正、化学工場での分析などの細かい視作業、設計、製図	750
	一般の製造工場での普通の視作業、制御室での計器盤や制御盤の監視	500
	倉庫の事務	300
	粗な視作業	200
	荷積み、荷下ろし、荷の移動	150
	ごく粗な視作業	100
執務空間 共用空間	設計室、製図室	750
	制御室、作業をともなう倉庫、電気室、機械室、便所、洗面所	200
	階段	150
	廊下、通路、出入口	100
	屋内非常階段	50

JIS Z9110:2010を基に作成

表 6-5-5　推奨照度の例（商業施設）

単位:lx

作業・場所		推奨照度
物販店舗	陳列の最重要部	2000
	重要陳列部、エスカレーター乗降口、レジスタ、包装台	750
	エレベーターホール、エスカレーター	500
	商談室、アトリウム・モール	300
	応接室、便所、洗面所	200
	階段	150
	廊下	100
飲食店	サンプルケース	750
	帳場、クロークカウンター、食卓、厨房	500
	レジスタ、客室内の調理台	300
	待合室、客室、便所、洗面所	200
	階段	150
	廊下	100
遊興飲食店	厨房	500
	レジスタ、帳場、クロークカウンター、食卓	300
	客室内の調理台、便所、洗面所	200
	階段	150
	廊下、座敷	100
	喫茶店の客室、バー	30
	キャバレーの客室、通路	10
映画館その他興行場	入場券売場	500
	売店	300
	ロビー、観客席、便所、洗面所	200
	モニター室、調整室、階段	150
	映写室、廊下	100
	モニター室、調整室、映写室（上映中）	20
	観客席（上映中）	3

注）舞台照明は含まない。観客席、モニター室、調整室、映写室は調光できることが望ましい。

JIS Z9110:2010を基に作成

表6-5-6 推奨照度の例（住宅）

単位:lx

作業・場所		推奨照度
居間	手芸、裁縫	1000
	読書	500
	団らん、娯楽	200
	全般	50
書斎	勉強、読書	750
	VDT作業	500
	全般	50
子供室 勉強室	勉強、読書	750
	遊び、コンピューターゲーム	200
	全般	100
応接室（洋室）	テーブル、ソファ、飾り棚	200
	全般	100
座敷	食卓、床の間	200
	全般	100
食堂	食卓	300
	全般	50
台所	調理台、流し台	300
	全般	100
寝室	読書、化粧	500
	全般	20
	深夜	2
家事室 作業室	手芸、裁縫、ミシン	1000
	工作、VDT作業	500
	洗濯	200
	全般	100
浴室、脱衣室 化粧室	ひげそり、化粧、洗面	300
	全般	100
便所	全般	75
階段・廊下	全般	50
	深夜	2
納戸、物置	全般	30
玄関（内側）	鏡	500
	靴脱ぎ、飾り棚	200
	全般	100
門 玄関（外側）	表札、門標、新聞受け、押しボタン	30
	通路	5
	防犯	2
車庫	全般	50
庭	パーティー、食事	100
	テラス、全般	30
	通路	5
	防犯	2

注）それぞれの場所の用途に応じて全般照明と局所照明を併用するのが望ましい。居間、応接室、寝室は調光できることが望ましい。

JIS Z9110:2010を基に作成

6-6 さまざまなスイッチ

●片切スイッチと両切スイッチ

　照明や換気扇をON-OFFするために使われるのがスイッチです。スイッチにもさまざまな種類があり、用途や場所に応じて使い分けられています。

　一般家庭で使われる単相100Vの照明をON-OFFする際に使われるのが、「片切スイッチ」です（図6-6-1）。片切スイッチは、単相100Vの電源配線2本のうち、電圧線だけを入切するもので、接地されている中性線は入切しません。中性線は対地電圧が0Vなので、人が触れても感電することはありませんから、切る必要がないのです。

　事務所ビルなどで単相200Vの照明器具が使われている場合は、「両切スイッチ」が使われます（図6-6-1）。両切スイッチは、2本の電源配線を両方とも入切するものです。単相200Vの場合は、どちらの電源線にも対地電圧100Vが掛かるので、片方の線だけを切った状態では、照明は消えますが器具には電圧が掛かったままになります。この状態で器具の保守点検などを行うと感電してしまう恐れがあるので、両方の線を切る必要があるのです。

●3路スイッチと4路スイッチ

　階段の照明をON-OFFするには、上階と下階のそれぞれにスイッチを設ける必要があります。廊下や通路、出入口が複数ある部屋などでも、出入口ごとにスイッチを設けて、どこから出入りしても照明をON-OFFできるようにしておくと便利です。

　1台（1つの点滅区分）の照明を2箇所からON-OFFするときに使うのが「3路スイッチ」です。3箇所以上からON-OFFするときには、「3路スイッチ」と「4路スイッチを組み合わせて使います（図6-6-2）。3路スイッチには3本の配線が必要になり、4路スイッチには4本の配線が必要になります。

図6-6-1　片切スイッチ（左）と両切スイッチ（右）

片切スイッチ

両切スイッチ

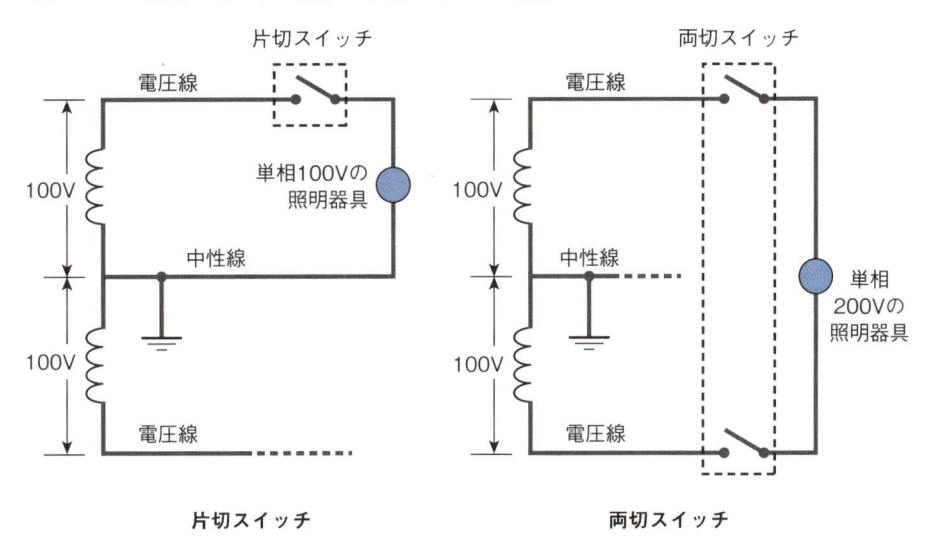

図6-6-2　3路スイッチと4路スイッチ

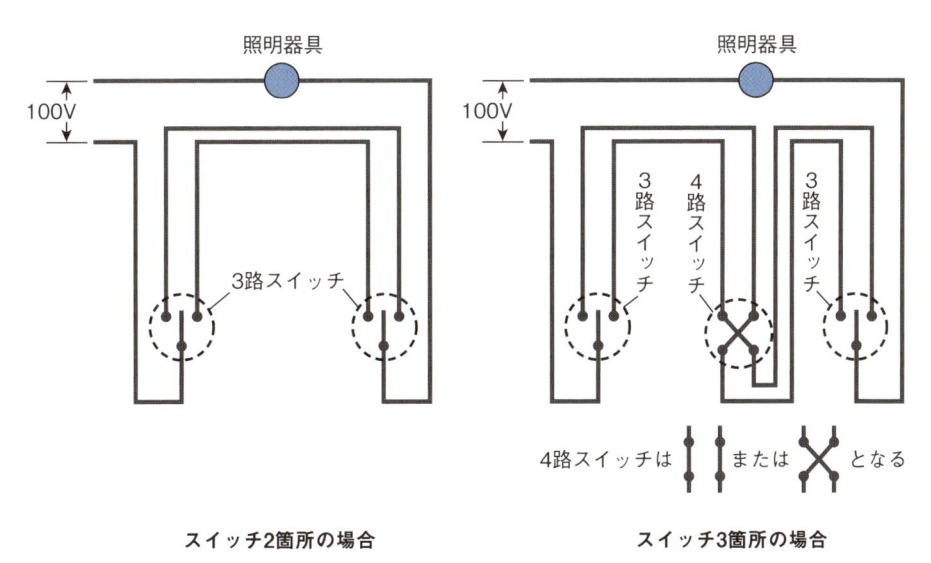

スイッチ2箇所の場合

スイッチ3箇所の場合

4路スイッチは ｜｜ または ✕ となる

● **表示ランプ付スイッチ**

　玄関やトイレの照明でよく使われるのが「表示ランプ付スイッチ」です。スイッチが切れていて照明が消えているときでもスイッチの場所がわかるように、小さなランプが内蔵されています（図6-6-3）。このタイプのスイッチは、「ほたるスイッチ」や「オフピカスイッチ」とも呼ばれます。（「ほたるスイッチ」「オフピカスイッチ」は、ともに商品名です。）

　同じ表示ランプ付でも、スイッチが入っている状態で小さなランプが点灯するスイッチもあります。このタイプのスイッチを使うと、一目で電源が入っていることがわかるので、換気扇などでよく使われます。このタイプは、「パイロットスイッチ」や「オンピカスイッチ」とも呼ばれます。（「パイロットスイッチ」「オンピカスイッチ」も、ともに商品名です。）

● **人感センサー付スイッチ**

　「人感センサー付スイッチ」は住宅の玄関や廊下などで使われます。スイッチに内蔵されたセンサーが人体の発する赤外線を感知して、自動的にスイッチを入切します（図6-6-4）。センサーによらず手動操作でON-OFFすることもできるようになっています。

　人感センサー付スイッチには、天井に取り付けるタイプもあります。事務所ビルのトイレや給湯室など、たまに人が出入りするだけの場所では、天井に取り付けるタイプがよく使われます。

　人感センサーを使うと、人が近付くと自動的に照明が点灯するだけでなく、人がいなくなると自動的に消灯することもできるので、トイレや給湯室の照明の消し忘れを防ぐことができ、省エネルギーになると考えられます。

● **ワイドタイプのスイッチ**

　最近の住宅でよく使われるようになっているのが、ワイドタイプのスイッチです。従来のタイプに比べると、スイッチの操作部分が大型になっていて、ON-OFF操作がしやすくなっています（図6-6-5）。高齢者に使いやすいという理由で普及しています。

図 6-6-3　パイロットランプ付スイッチ

パイロットランプ

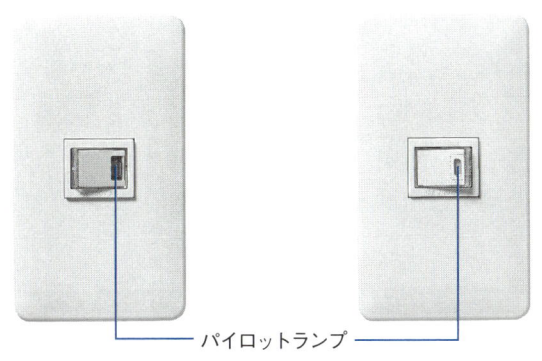

図 6-6-4　人感センサー付スイッチ

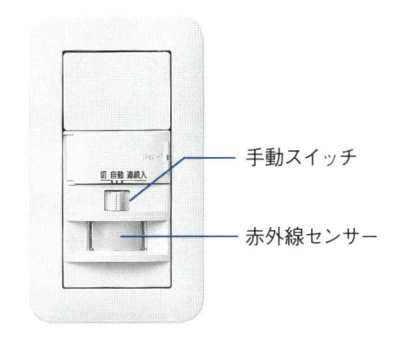

手動スイッチ
赤外線センサー

図 6-6-5　従来タイプのスイッチ（左）とワイドタイプのスイッチ（右）

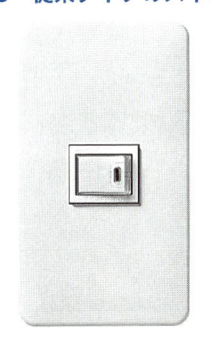

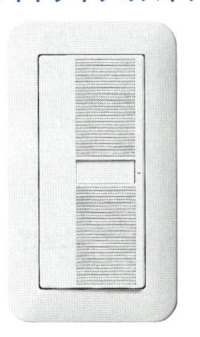

（写真提供：パナソニック電工㈱）

6・電灯コンセント設備

● **タイマー付スイッチ**

　浴室やトイレの換気扇などで使われるのが、「タイマー付スイッチ」です（図6-6-6）。タイマー付スイッチにはいくつかの種類があります。

　浴室の換気扇用では、自由に時間設定できるタイプがよく使われます。ツマミを操作して時間を設定すると、設定した時間でスイッチが切れるようになっています。

　トイレの換気扇用では、照明のスイッチと一体化されているものがよく使われます。照明を消してもしばらく換気扇が回り続けて、一定時間後に換気扇が止まるようになっています。

　玄関の照明用には、スイッチを切ってもすぐには消灯せず、一定時間後に消灯する設定になっているタイプもあります。

　屋外照明を毎日同じ時刻に自動的に ON-OFF させたり、倉庫の換気扇を自動的に間欠運転させたりするために、24時間タイマーを内蔵したスイッチを使うこともあります。24時間タイマーを内蔵したタイプでは、1日に複数回 ON-OFF 操作を繰り返すことができるようになっています。

● **自動点滅器**

　屋外照明の ON-OFF に使われるのが自動点滅器です。自動点滅器は屋外の明るさを感知して、暗くなると自動的に照明を点灯し、明るくなると自動的に消灯します（図6-6-7）。道路や公園の外灯にも使われます。

　自動点滅器は単体でスイッチとして機能させる場合と、明るさを感知するセンサーとしてだけ使われ、電源の ON-OFF は分電盤内の開閉器を使う場合があります。

● **ソーラーカレンダータイマー**

　「ソーラーカレンダータイマー」は、屋外の照明を自動点滅させるもので、通常は分電盤に組み込んで使います（図6-6-8）。地域ごとや季節ごとの日の出、日没の時刻がプログラムされていて、日没時刻に合わせて自動的に照明を点灯し、日の出時刻に合わせて自動的に消灯することができます。また、日没時に点灯した照明を深夜の一定時刻に消灯することもできます。

図 6-6-6　タイマー付スイッチ

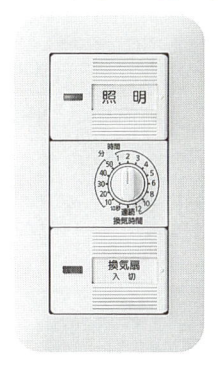

図 6-6-7　自動点滅器

（写真提供：パナソニック電工㈱）

図 6-6-8　ソーラーカレンダータイマー

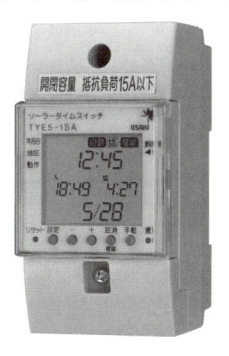

（写真提供：大崎電機工業㈱）

●年間カレンダー式タイマー

「年間カレンダー式タイマー」は、平日、週末、休日などによって、時間設定を変えることができます（図6-6-9）。店舗の看板照明のように、営業日や営業時間に合わせてON-OFFしたいような場合に使います。年間カレンダー式タイマーも通常は分電盤に組み込んで使われます。

●調光器

「調光器（ライトコントローラーとも呼ばれる）」は、照明の明るさをコントロールする装置です。操作方法により、ダイヤルを回すロータリー式、操作部を上下させるスライド式、押しボタンを使うプッシュ式などがあります（図6-6-10）。

手動で明るさを操作するだけでなく、ボタン操作であらかじめ設定した明るさに自動的に切り替える機能を持つものもあります。

なお、調光器には白熱灯用や蛍光灯用などがあり、光源によって使い分ける必要があります。また、蛍光灯を調光する場合は、調光用の蛍光灯を使う必要があります。

❗ ソーラーカレンダータイマーの弱点

日没や日の出の季節変動に合わせて照明を自動点滅してくれるソーラーカレンダータイマーは、大変便利な機器ですが、弱点もあります。天候による明るさの変化を補うことができないということです。例えば、曇っていて昼間でも照明が欲しいくらいの明るさのとき、ソーラーカレンダータイマーでは自動的に照明を点灯することはできません。このようなときには、明るさを感知して作動する自動点滅器のほうが便利です。照明の自動点滅方法は場所や周囲の状況などによって使い分ける必要があるのです。

図 6-6-9　年間カレンダー式タイマー

(写真提供：オムロン㈱)

図 6-6-10　調光器

ロータリー式 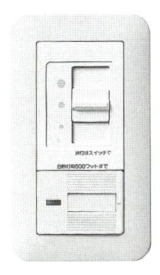　　　　スライド式 　　　　プッシュ式

(写真提供：パナソニック電工㈱)

6・電灯コンセント設備

6-7 リモコンスイッチとはどんなものか

●リモコンスイッチとは

　通常のスイッチは、スイッチの本体で直接電源を入切しますが、「リモコンスイッチ」では、操作するスイッチの本体（「セレクタースイッチ」と呼ばれる）では直接電源を入切せず、電源の供給元である分電盤内に組み込まれた「リモコンリレー」と呼ばれる開閉器で電源を入切します。セレクタースイッチはプッシュ式になっており、ON-OFF操作をリモコンリレーに伝える役割を果たします。セレクタースイッチは、単にON-OFF操作の情報を伝えるだけなので、配線には弱電線が使われます（図6-7-1）。

図6-7-1　リモコンスイッチの構成

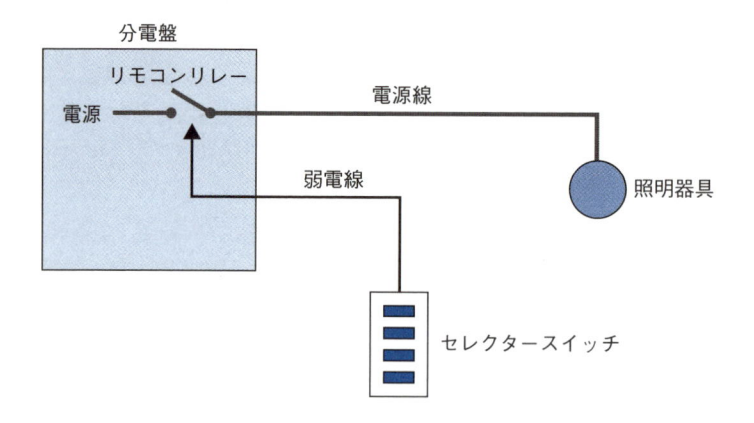

●リモコンスイッチでできること

　リモコンスイッチを使うと、3路スイッチや4路スイッチのように複数の場所にスイッチを設けたり、点滅区分の違う照明器具をワンプッシュでまとめてON-OFFしたりすることができます。出入口が何箇所もあるような大

きな部屋や、使用状況に応じて細かく照明を切り換えたいような部屋では、リモコンスイッチを使うと便利です。

例えばレストランで、昼のランチタイムは蛍光灯で明るい雰囲気にして、夜のディナータイムは白熱灯で落ち着いた雰囲気にしたいというような場合には、昼の照明パターンと夜の照明パターンを決めて設定しておけば、ワンタッチで昼と夜の照明パターンを切り替えることができます。このように、部屋の使い方や場面（シーン）に応じて照明のパターンを切り替えることを「パターン制御」や「シーン制御」と言います（図6-7-2）。

また、リモコンスイッチは、機械警備システムや中央監視設備などからの信号で照明を点滅することもできるので、夜間や休日には機械警備システムと連動して建物内の照明を自動的に消灯したり、昼休みに中央監視設備からの指令で事務所内を一斉消灯したりすることも簡単にできます。

図6-7-2　パターン制御例

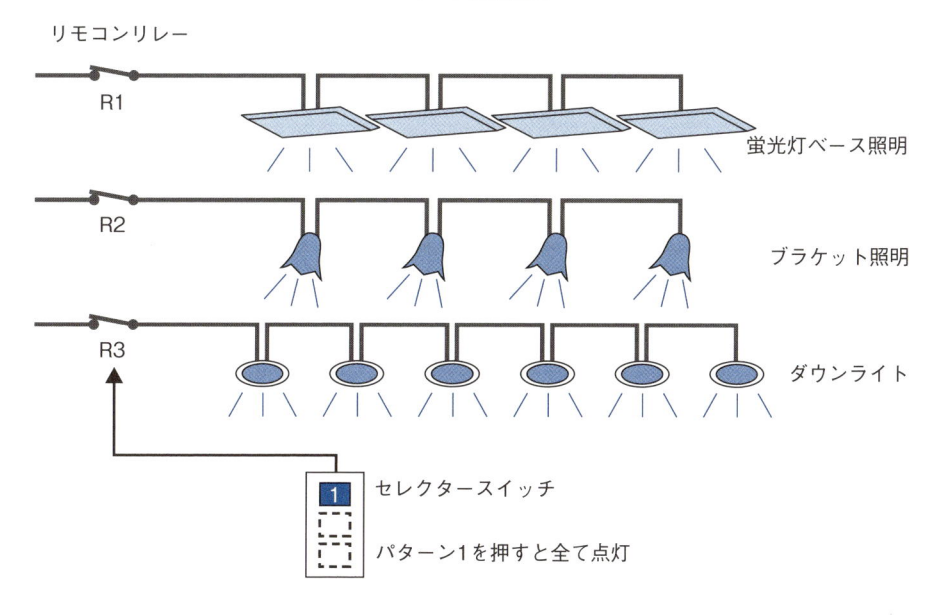

パターン制御例①

リモコンリレー

R1　　蛍光灯ベース照明

R2　　ブラケット照明

R3　　ダウンライト

1　セレクタースイッチ

パターン1を押すと全て点灯

パターン制御例②

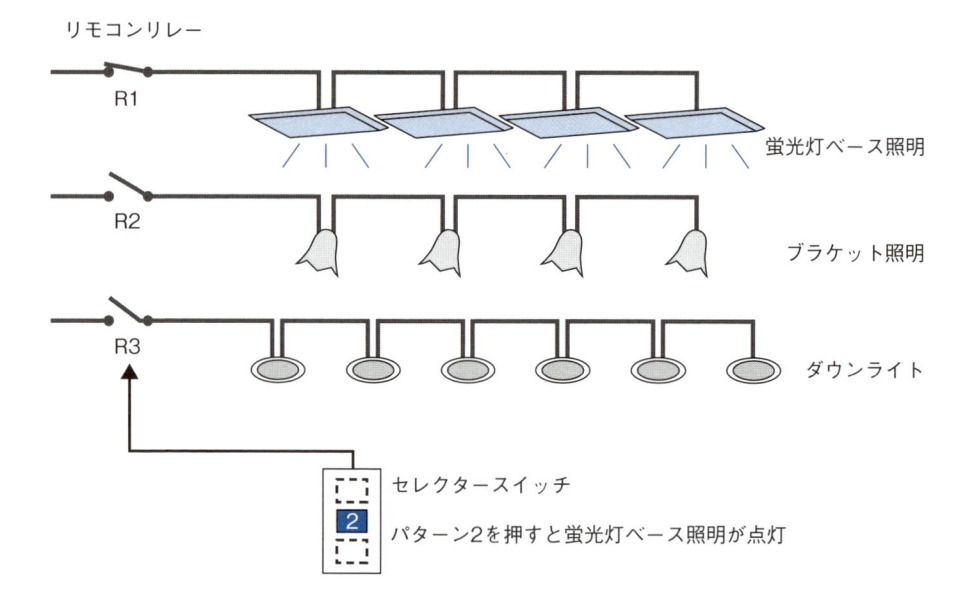

蛍光灯ベース照明

ブラケット照明

ダウンライト

セレクタースイッチ
パターン2を押すと蛍光灯ベース照明が点灯

パターン制御例③

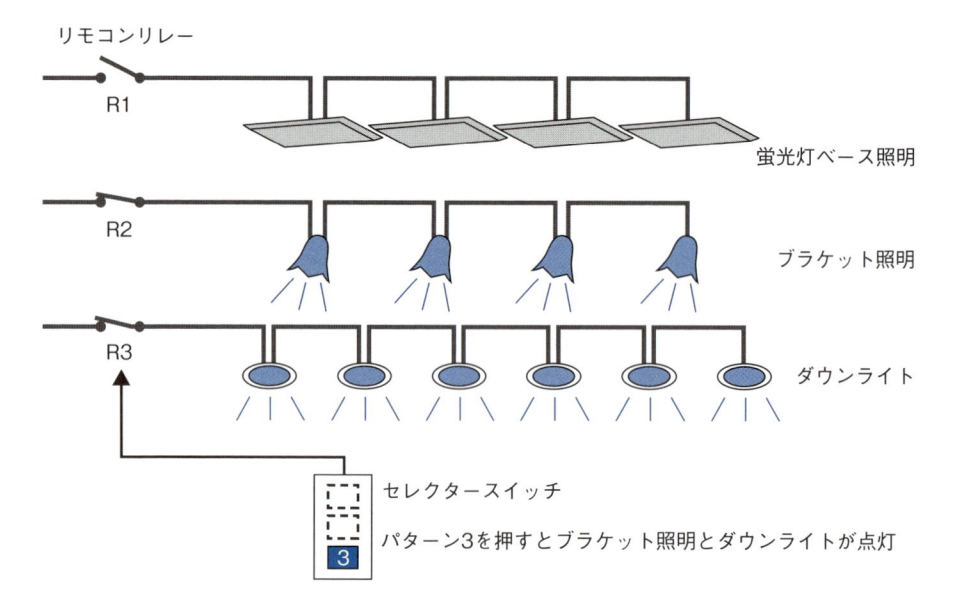

蛍光灯ベース照明

ブラケット照明

ダウンライト

セレクタースイッチ
パターン3を押すとブラケット照明とダウンライトが点灯

● 2線式とフル2線式

リモコンスイッチの方式には、「2線式(せんしき)(ワンショット式とも呼ばれる)」と「フル2線式(多重伝送式とも呼ばれる)」があります。「2線式」は、単純なパルス信号で情報伝達する方式で、セレクタースイッチの数に応じた配線本数が必要になります。(セレクタースイッチ数＋1本の配線が必要です。)

「フル2線式」は、セレクタースイッチやリモコンリレーにアドレスを割り当て、多重伝送という方法で1対(2本)の信号線に複数のアドレス情報を乗せて伝達するので、セレクタースイッチに必要な配線本数は1対(2本)だけで済みます(図6-7-3)。

図6-7-3　2線式とフル2線式の配線本数

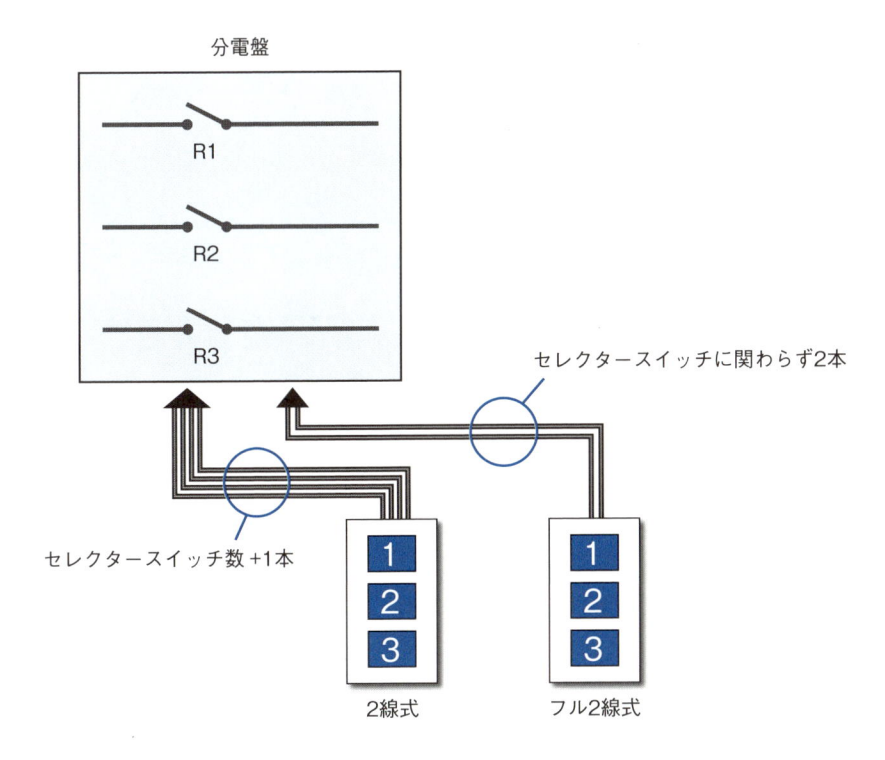

6-8 さまざまなコンセント

●電圧と電流によって違うコンセント形状

　普段何気なく使っているコンセントも、よく見るとさまざまな形や種類があります。家庭で通常使われている単相100Vのコンセントは、定格電圧125V、定格電流15Aのものです。単相100Vのコンセント以外に、単相200Vや三相200Vのコンセントもあります。単相200Vのコンセントに単相100Vの機器のプラグを差し込んだら、機器が壊れてしまいます。間違って差し込むことがないように、コンセントとプラグの形状は、定格電圧と定格電流ごとにJIS規格で定められています（表6-8-1）。

> **❗ 壁のスイッチやコンセントの高さ**
>
> 　壁に設置するスイッチやコンセントには、標準的な取り付け高さがあります。一般的な事務所では、スイッチは床上1m20cm〜1m30cm、コンセントは床上20cm〜30cmです。住宅では、ユニバーサルデザインの観点から、スイッチを通常より低めの1m〜1m10cmにすることもあります。立った状態でも、車椅子の状態でも無理なく手が届く高さです。コンセントのほうは、ユニバーサルデザインの観点とともに用途の観点からも、通常より高めにすることがあります。掃除機のように頻繁にコンセントを抜き差しする場合は、通常より少し高めの床上40cm程度のほうが使いやすいと言われています。壁際に机やテーブルを置いて、そこでコンセントを使いたい場合は、コンセントの高さを床上80cm〜90cmにします。

表 6-8-1　コンセントの形状

使用電圧	定格	形状 (極配置)	備考
1φ100V	15A 125V		
			接地極付
	20A 125V		
			接地極付
			15A125Vのプラグも差し込める
1φ200V	15A 250V		
			接地極付
	20A 250V		
			接地極付
			15A250Vのプラグも差し込める
			接地極付 15A250Vのプラグも差し込める
	30A 250V		
			接地極付
3φ200V	15A 250V 20A 250V 30A250V		
	15A 250V 20A 250V 30A250V		接地極付

実際によく使われているコンセントには、以下のようなものがあります（図6-8-1）。

図6-8-1　よく使うコンセント例

一般的によく使われている
15A 125V定格の
2口コンセント

事務所や工場などの
業務用でよく使われる
接地極付コンセント

エアコン用などで使われる
125V定格15A・20A兼用の
接地極、接地端子付コンセント

台所の冷蔵庫や電子レンジ、
洗濯機用などで使われる
接地端子付コンセント

プラグをひねると
抜けなくなる
抜け止めコンセント

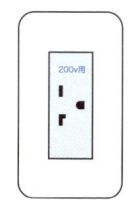

単相の200Vエアコンなどで
使われる250V定格
15A・20A兼用コンセント

工場などで使われる
三相200V用のコンセント

●さまざまな場所に設けられるコンセント

コンセントは、壁だけでなく床や天井面にも取り付けられます。工場などでは、天井からぶら下げて使われることもあります。屋外では防雨形のコンセントや防水キャップ付のコンセントが使われます。OAフロアの事務所では、床上にOAタップを固定しない状態で置いて、机や家具の配置に合わせて適宜動かして使う場合もあります（図6-8-2）。

図6-8-2　さまざまな場所に設けられるコンセント例

床用コンセント　　　天井から吊り下げるリーラーコンセント

OAフロア上のOAタップ　　防雨形コンセント　　防水キャップ付コンセント

（写真提供：パナソニック電工㈱）

●医用コンセント

　病院や診療所などで医療用の電気器具を使う場合には、「医用コンセント」が使われます。医用コンセントは、見た目は普通のコンセントと同じですが、感電事故を防止するために接地抵抗が低く抑えられており、本体強度、耐薬品性能、配線接続なども強化されています。なお、JISでは、医用コンセントを一般のコンセントと区別するために、コンセント本体の色を赤や緑にすると規定されています。

> ### ❗ ボックスレス工法
>
> 　壁にコンセントやスイッチを取り付ける際には、アウトレットボックスやスイッチボックスが使われます（P.73参照）。アウトレットボックスやスイッチボックスは、コンセントやスイッチを取り付けるスペースを確保するとともに、表面に取り付けるプレートを固定する役割を果たします。軽量鉄骨や木軸で下地を組む壁では、アウトレットボックスやスイッチボックスを使わずに施工することもあります。アウトレットボックスやスイッチボックスを使わない施工方法を「ボックスレス工法」と言います。

> **! ジョイントボックス・ジャンクションボックス**
>
> 　照明の配線は、多くの場合、天井内にVVFケーブルで敷設されます。リモコンスイッチで照明を点滅するなら、分電盤から照明まで直接つなぐだけで配線は完了です。リモコンスイッチを使わない通常のスイッチを取り付ける場合は、天井内で配線を分岐させてスイッチを取り付ける必要があります。天井内で配線を分岐したり接続したりする場合は、分岐部分や接続部分をむき出しのままにせず、ボックスに納めなければならないことになっています。
>
> 　配線の分岐や接続に使われるボックスは、ジョイントボックスやジャンクションボックスと呼ばれます。

第7章

情報通信設備

建物や施設の中では
さまざまな情報や信号が行きかっています。
情報伝達にも電気が欠かせません。
この章では、電気設備に含まれる
さまざまな情報通信設備について説明します。

7-1 電話の配線はどのように敷設するのか

●建物内の電話の構成

　家庭用の電話機は、電話機本体と壁に取り付けられている電話端子（モジュラージャック）との間をコネクターのついた電話線でつなげば、すぐに使えるようになります。壁のモジュラージャックの配線は、電話局の交換機までつながっているからです。電話局の交換機は、1台1台の電話機からの番号発信を受けて、目的の電話番号を持つ電話機に通話回線をつなぎます（図7-1-1）。

　会社や施設の中では、何台もの電話機を使い、内線通話もできるようにする必要があります。1台1台の電話機を直接、電話局の交換機につないでしまうと、同じ建物内で通話するにも、いちいち電話局の交換機を経由することになり、その都度、電話代が掛かってしまいます。電話代を掛けずに内線通話をするためには、建物内に、企業や施設のための構内専用交換機を設置する必要があります。この構内専用交換機のことを「PBX（Private Branch Exchange）」や、「主装置」と呼びます（図7-1-1）。

●電話配線と端子盤

　建物内の電話機の配線は、1台ずつ交換機につながれます。しかし、1台1台につながっている細い電話線を1本ずつ交換機まで配線すると相当な長さになり、配線作業も煩雑になります。電話機を移動する場合には、そのたびに1台ずつ交換機までの配線を引き直さなければならないので大変です。

　配線の系統をわかりやすくし、配線作業を省力化するために、通常は、電話配線はフロアごとやエリアごとに設ける「端子盤」に集められます。各端子盤から交換機までの配線には、細い電話線を多数束ねた「多芯ケーブル」という太いケーブルが使われます。電話配線の中継点として端子盤を使うことで、配線作業を省力化することができます。また、電話機を移動する際の配線作業は、電話機と端子盤の間の配線を引き直すだけで済むので簡単です。

なお、建物の規模や配線量、配線経路によっては、ある端子盤から交換機までの途中に、中継点としてさらに別の端子盤を経由する場合もあります。また、フロアによって電話機の設置台数にバラつきが生じても対応できるように、各端子盤間を同じ芯数の多芯ケーブルでつないでおく場合もあります。

図 7-1-1　家庭用の電話と企業や施設の電話

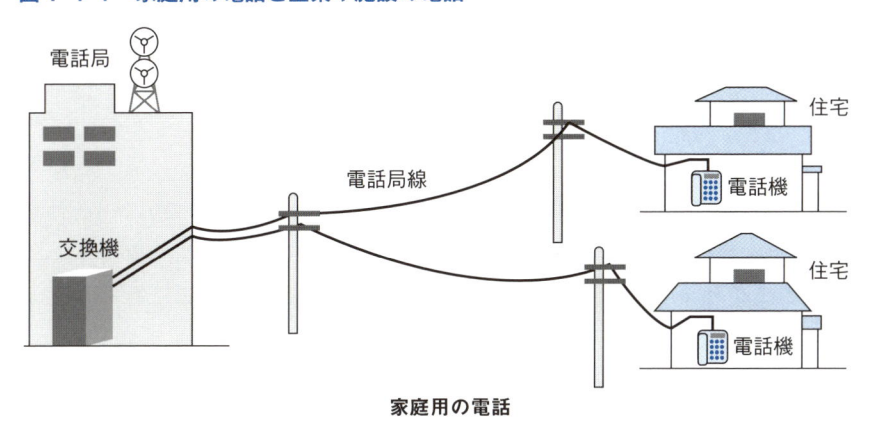

家庭用の電話

企業や施設の電話

● **MDF と IDF**

　各端子盤からの配線は、交換機に集められます。交換機には電話局から引き込んだ電話回線（局線と呼ばれる）もつなぎ込まれます。各端子盤からの配線や建物外部から引き込んだ局線をまとめてつなぎ止めるための端子盤をMDF（Main Distribution Frame：主端子盤）と言います。

　MDFに対して、建物の各フロアやエリアごとに置かれる端子盤は、IDF（Intermediate Distribution Frame：中間端子盤）と言います（図7-1-2）。

　なお、MDFには、電話局線の「保安器（雷などによる異常電圧や異常電流から機器を保護する装置）」も設置されます。電話局線として光ケーブルを引き込む場合には、光ケーブルの「成端箱」（光ケーブルを接続するためのボックスで「スプライスボックス」や「接続箱」とも呼ばれる）や「メディアコンバーター」（光ケーブルの信号をメタルケーブルの信号に変換する装置）も必要になります。これらの機器がMDF内に設置されることもあります。

> **❗ IP 電話とは**
>
> 　インターネットやLAN（Local Area Network）で使われる情報ネットワーク技術を通話に応用したシステムが「IP（Internet Protocol）電話」です。IP電話は、パソコンを使って情報伝達するLANと同じしくみを使って音声を伝達するので、電話専用の配線は使わず、LANと同じ配線を使います。また、IP電話では「IP−PBX」と呼ばれるサーバーが交換機の機能を果たし、「LANスイッチ」が、1台1台の電話機の配線を集める端子盤の機能を果たします。

図 7-1-2　端子盤（MDF と IDF）を使う電話配線

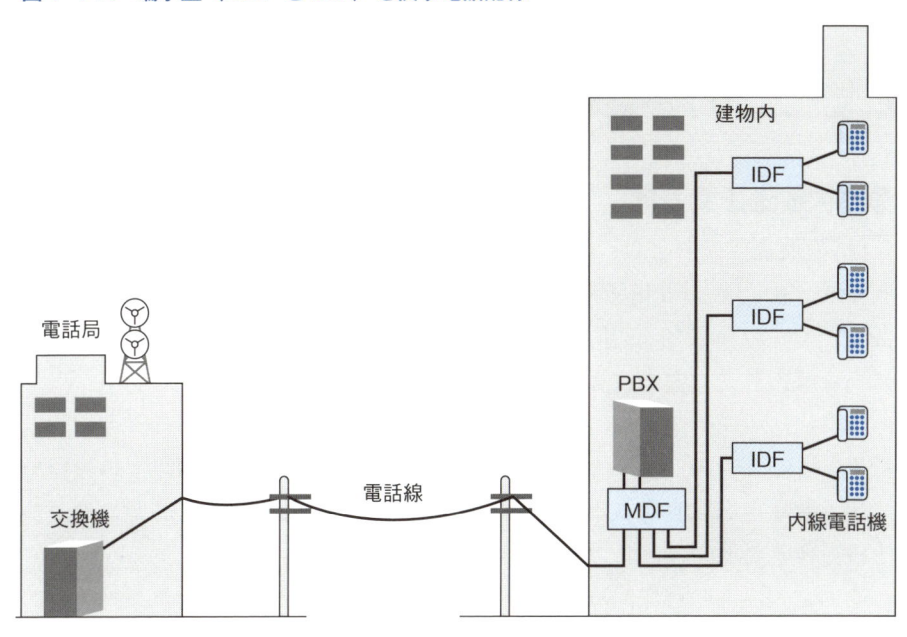

電話局　交換機　電話線　PBX　MDF　建物内　IDF　内線電話機

MDF の内部

IDF の内部

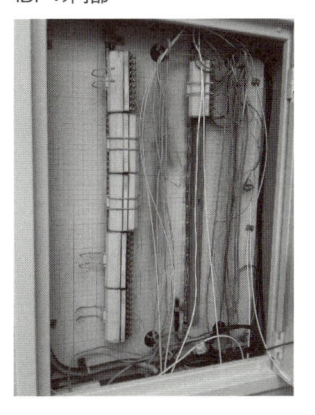

7-2 構内放送のしくみと役割

●構内放送設備とは

「構内放送設備」とは、建物や施設の中で流される呼び出し放送や終始業チャイムのための設備です。BGMを流すためにも使われます。「館内放送設備」や「拡声設備」、単に「放送設備」と呼ばれることもあります。学校にある校内放送も構内放送設備の一種です。

構内放送設備の中には、火災時に在館者を避難誘導するための「非常放送設備」というものもあります。消防法の規定により、一定規模以上の建物や一定人数以上を収容するホテルや複合ビル、地下街などには、非常放送設備を設置することが義務付けられています。

なお、火災時の避難誘導を目的とした非常放送に対して、それ以外の目的で日常使われる放送は「業務用放送」と呼ばれます。一般的には、非常放送設備の設置が義務付けられている建物では、火災時と通常時のどちらにも使える「非常用・業務用兼用放送設備」が設置されます。

●構内放送設備の構成

構内放送設備は、マイク、アンプ、スピーカーなどで構成されます。終始業チャイムや定時のBGM、ラジオ体操の音楽などを流す場合には、複数の入力を切り換えるプリアンプやプログラムタイマー、BGMなどの音源となるCDプレーヤーやカセットデッキも必要になります。終始業チャイムやラジオ体操、よく使われるBGM用音楽などは、放送機器専用のメモリーカードがあり、専用機器で再生できるようになっています。スピーカーを複数の系統に分けて、内容によって放送する系統を変えたい場合には、スピーカーの系統を切り替えるスピーカーセレクターを設けます（図7-2-1）。

なお、非常放送設備には、停電時でも使えるようにするために、非常電源設備として、専用の蓄電池が付属しています。

図 7-2-1　構内放送設備の構成例

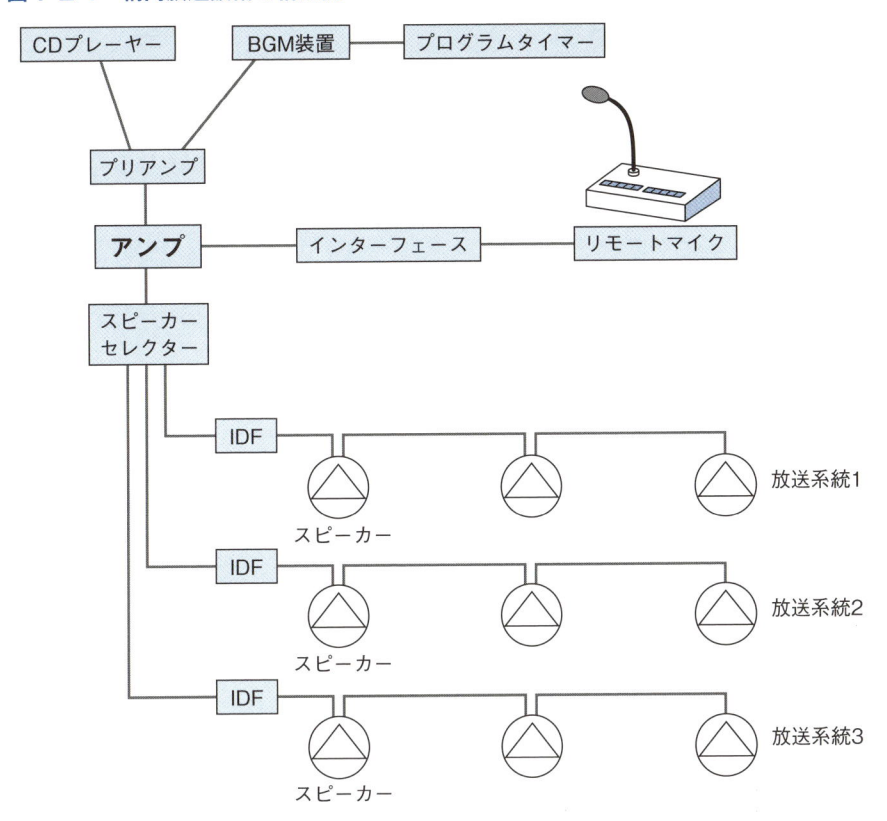

> **解説**　**非常放送設備**：非常放送設備は、収容人員 300 人以上のホテルや旅館、収容人員が 500 人以上の複合ビル、収容人員 800 人以上の学校・図書館、地上 11 階以上の建物、地下街などに設置義務があります。

●放送アンプ類の形状

　前述のように、放送設備にはさまざまな機器が必要ですが、建物用途や放送設備の使用目的によって必要な機器の組み合わせは変わります。さまざまな機器を一箇所にまとめて設置するために、放送設備機器の多くは外形が規格化されていて（EIA 規格）、特定の寸法のラックに固定できるようになっています。規格に合った機器なら、違うメーカーの機器でも同じラックに納めることができるようになっています。ラックに収容した放送機器類は、「ラック型アンプ」と呼ばれます。

　小規模の建物の場合には、アンプと周辺機器の機能が一体化された「卓上型アンプ」や「壁掛け型アンプ」も使われます（図 7-2-2）。

図 7-2-2　アンプ類の形状例

ラック型アンプ　　　卓上型アンプ 　　　壁掛け型アンプ

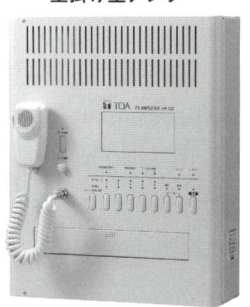

（写真提供：TOA ㈱）

> **解説　EIA 規格**：EIA（Electronic Industries Alliance）規格は、アメリカの電子工業会が定める規格です。機器の幅を 19 インチ（482.6mm）に統一し、高さ 1.75 インチ（44.45mm）を 1U（ユニット）として機器の大きさを表示します。この規格に合わせたラックは、「19 インチラック」と呼ばれます。

●放送系統とスピーカーの配線

　高層のオフィスビルの場合、通常はフロアごとに放送系統が分けられています。商業施設の場合は、店舗内、バックヤード、共用エリアなどの場所ごとに放送系統が分けられています。そして、放送内容によって放送する系統を選択します。館内の全員に伝えたいことや緊急性の高い内容の場合は、全館一斉に放送します。

　スピーカーの配線も、電話の配線と同じように端子盤を経由して配線されます。同じ放送系統のスピーカーは、1つの系統の配線で接続して行き、各系統のスピーカー配線は最寄りの端子盤に集められます。各端子盤に集められた配線は、電話配線と同じように、いくつかの端子盤を経由して、最終的にはアンプやスピーカーセレクターの出力端子に接続されます。

●さまざまなスピーカー

　構内放送に使われるスピーカーには、さまざまな種類や形状があります(図7-2-3)。事務所内や廊下などでは、天井埋め込み型スピーカーが使われます。二重天井ではない部屋では、壁掛け型スピーカーや露出型スピーカーが使われます。広い工場内や屋外では、大音量のホーン型スピーカーが使われます。

図 7-2-3　構内放送で使われるスピーカーの種類

天井埋め込み型スピーカー　　壁掛け型スピーカー　　ホーン型スピーカー

(写真提供：TOA㈱)

●アッテネーター

　会議室や応接室で会議中や接客中のときには、館内の呼び出し放送や定時のラジオ体操などが流れるのは望ましくありません。そのような場合は、これらの部屋を別系統にして不要な放送が流れないようにするという方法がとられます。しかし、別系統にして、緊急な内容しか放送されないのも不便ということもあります。その場合には、各部屋に「アッテネーター」という音量調節器を取り付けます（図7-2-4）。

　アッテネーターは、スピーカーの音量を段階的に調節するもので、完全に放送を消すこともできますし、小音量にしておくこともできます。なお、非常放送設備としてスピーカーを設置している場合は、アッテネーターで音を消したり音量を絞ったりしていても、非常時の放送はアッテネーターを介さずにフル音量で流れるようになっています。

図7-2-4　アッテネーター

（写真提供：TOA ㈱）

●リモートマイクと内線電話を使った放送

　放送アンプには、マイクが付属しています。しかし、例えば呼び出し放送の際に、いちいちアンプのところまで行って放送するのは大変です。そこで、アンプから離れた場所にマイクを置いて放送するという場合もあります。アンプから離れた場所に設置するマイクを「リモートマイク」と言います。リモートマイクには、アンプ起動やスピーカー系統選択のためのスイッチ、放送の開始や終了を告げる電子チャイムなどが内蔵されています（図7-2-5）。

　建物内のさまざまな場所から呼び出し放送や連絡放送を流したいという場

合には、電話交換機とアンプをつないで内線電話から放送するという方法をとります。内線電話で特定の番号を押すと、内線電話からの声を放送することができるというものです。この方法なら、内線電話さえあれば建物内のどこからでも、誰でも簡単に放送することができます。

図 7-2-5　リモートマイク

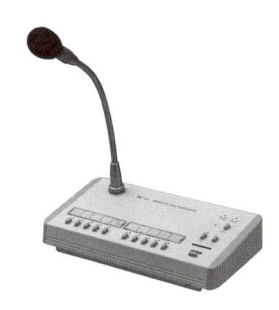

（写真提供：TOA㈱）

●館内放送とローカル放送

　ビルの中にある飲食店や店舗では、ビルの館内放送とは別に店内だけのBGMを流すこともよくあります。そのような場合は、館内放送とは別に、店内だけの放送設備を設置します。店舗内などの特定の場所専用の放送設備は、「ローカル放送設備」と呼ばれます。

　非常放送設備のある建物内にローカル放送設備を設置する場合は、非常放送がローカル放送の音声によってかき消されることがないようにしなければなりません。そのために、火災時にはローカル放送用のアンプの電源を「電源カットリレー」により自動的に遮断して、ローカル放送を強制的に中止させます。ローカル放送と非常放送でスピーカーを兼用している場合は、「スピーカー制御器」によってローカル放送から非常放送に切り替えます（図7-2-6）。

図 7-2-6　電源カットリレー（左）とスピーカー制御器（右）

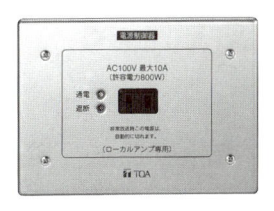

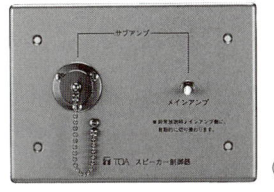

（写真提供：TOA㈱）

7-3 テレビを見るためのしくみ

●テレビ共聴設備とは

　建物内でテレビを見るための設備を「テレビ共同聴視設備」と言います。略して「テレビ共聴設備」と呼ぶのが一般的です（図7-3-1）。

　テレビを見るためにはアンテナが必要です。ケーブルテレビを見るためには、ケーブルテレビ局からのケーブルを引き込む必要があります。1戸建ての住宅では、アンテナにつないだケーブルやケーブルテレビ局からを引き込んだケーブルに信号を分けるための「分配器」を取り付け、分配器で分けられた信号を各部屋の壁に取り付けたテレビ端子まで配線し、テレビをテレビ端子につなげばテレビを見ることができます。

　アンテナで受信したテレビ電波やケーブルテレビ局から引き込んだテレビ電波の信号は、分配や分岐によって弱まります。ケーブルを伝わることによっても損失が生じて信号が減衰します。信号が一定レベルよりも弱くなるとテレビを見ることができなくなってしまいます。多数のテレビ端子があり、ケーブル亘長（配線の長さ）も長くなるビルやマンションでは、末端でもテレビを見ることができるだけの信号の強さを確保するために、配線の途中に「ブースター（増幅器）」を入れて信号を増幅します（図7-3-2）。

図 7-3-1　テレビ共同聴視設備の構成例

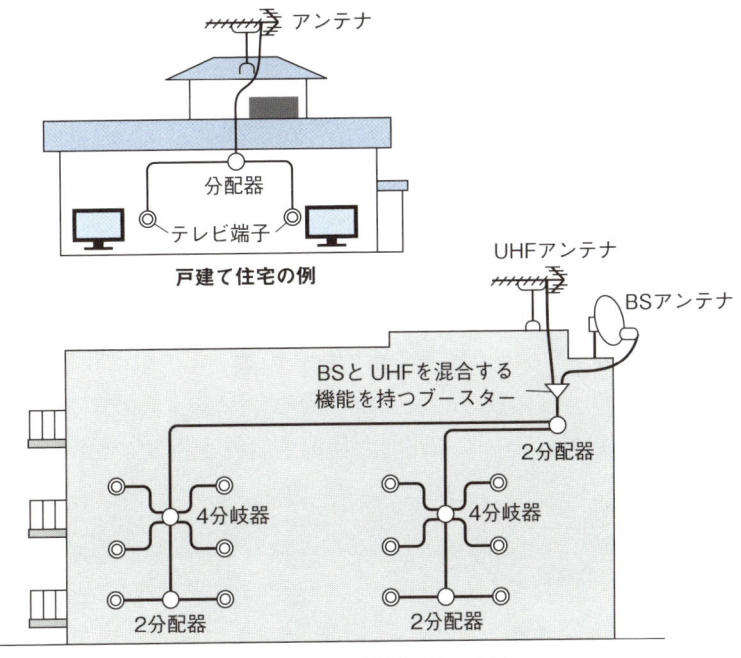

アンテナ
分配器
テレビ端子
戸建て住宅の例

UHFアンテナ
BSアンテナ
BSとUHFを混合する機能を持つブースター
2分配器
4分岐器
4分岐器
2分配器
2分配器
ブースター、分配器、分岐器を使った例

図 7-3-2　ブースター

(写真提供：八木アンテナ㈱)

●分配と分岐

　テレビ電波の信号を複数に分ける方法には、分配と分岐があります。分配は、1つの信号を複数に等分で分ける方法です。分岐は、幹線を流れる信号の一部を枝分かれさせる方法です。分配に使う機器を「分配器」、分岐に使う機器を「分岐器」と言います（図7-3-3）。建物のテレビ共聴設備の配線は、建物全体のテレビ端子の配置を考慮して、分配と分岐を組み合わせて計画されます。

　分配器や分岐器は、ブースターなどとともに、テレビ共聴設備専用の盤に収容する場合もありますが、電話や構内放送の端子盤の中に収容されることもあります。また、盤に収容せず、EPS内やマンションのメーターボックス内に木板を取り付け、そこに露出した状態で設置されることもあります（図7-3-4）。

図7-3-3　分配器と分岐器

2分配器 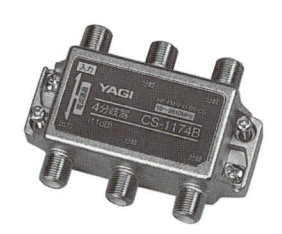　　　　4分岐器

（写真提供：八木アンテナ㈱）

図7-3-4　マンションのメーターボックス内に設置されたブースターと分配器

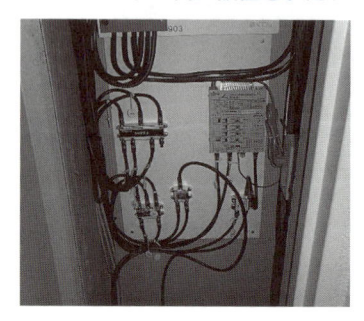

●八木アンテナとパラボラアンテナ

　テレビのアンテナには、いくつかの種類があります。VHF（Very High Frequency：超短波）放送やUHF（Ultra High Frequency：極超短波）放送を受信するためには、「八木アンテナ」が使われます。八木アンテナは、素子（電波を受信するための枝状部分）の本数が多いほど大きな利得が得られます。（高い信号レベルで受信することができるという意味。）八木アンテナには、アルミ製のものとステンレス製のものがあります。通常、家庭用にはアルミ製のものが使われますが、強度や耐久性が求められるビルなどではステンレス製のものが使われます。

　BS（Broadcasting Satellite：放送衛星）放送やCS（Communication Satellite：通信衛星）放送を受信するためには、パラボラアンテナが使われます。パラボラアンテナは、直径が大きいものほど大きな利得が得られます（図7-3-5）。

図 7-3-5　八木アンテナとパラボラアンテナ

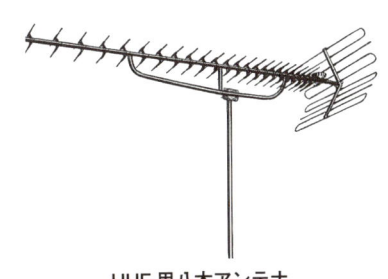

UHF用八木アンテナ　　　　BS用パラボラアンテナ

（写真提供：八木アンテナ㈱）

❗ カラスはパラボラアンテナがお好き？

　鳥は高い所にとまりたがる習性があるそうです。そのせいか、ビルの屋上に設置してあるパラボラアンテナの上には、よくカラスやハトが止まり、そしてそこでフンをします。あちこちのビルでパラボラアンテナを見ると、鳥のフンで汚れていることがよくあります。パラボラアンテナの表面がフンで汚れても、実害はさほどありませんが、気になる場合には、ピン状のクリップなどを取り付けて鳥が止まるのを防止することもできます。

7-4 インターホンのしくみ

●マンションの集合インターホンのしくみ

　オートロックのマンションでは、「集合住宅用インターホン設備」が使われます。マンションの入口には「集合玄関機」が設置され、訪問客が部屋番号を押すと各部屋を呼び出すことができます。各部屋側では、「室内親機」で来客を確認すると、オートロックの解錠ボタンを押してマンション入口のオートロックを解錠します。訪問客がマンション内に入り、目的の部屋の玄関まで着くと、今度は玄関の「玄関子機」で各部屋の戸内を呼びます。部屋側では、再度、室内親機で来客を確認して玄関を開けます。

　オートロックのマンションでのインターホン設備の構成は図7-4-1のようになっています。

> **!　インターホンならではの使い方**
>
> 　内線電話や携帯電話が普及した現在では、インターホンが使われるのは、ごく限られた場所だけですが、簡単な操作で確実に特定の相手と通話でき、受話器を持たなくても会話ができる機種もあるなど、インターホンにはインターホンならでは使いやすさもあります。

図 7-4-1　オートロックマンションのインターホン構成例

集合玄関機　　　管理室親機　　　室内親機　　　玄関子機

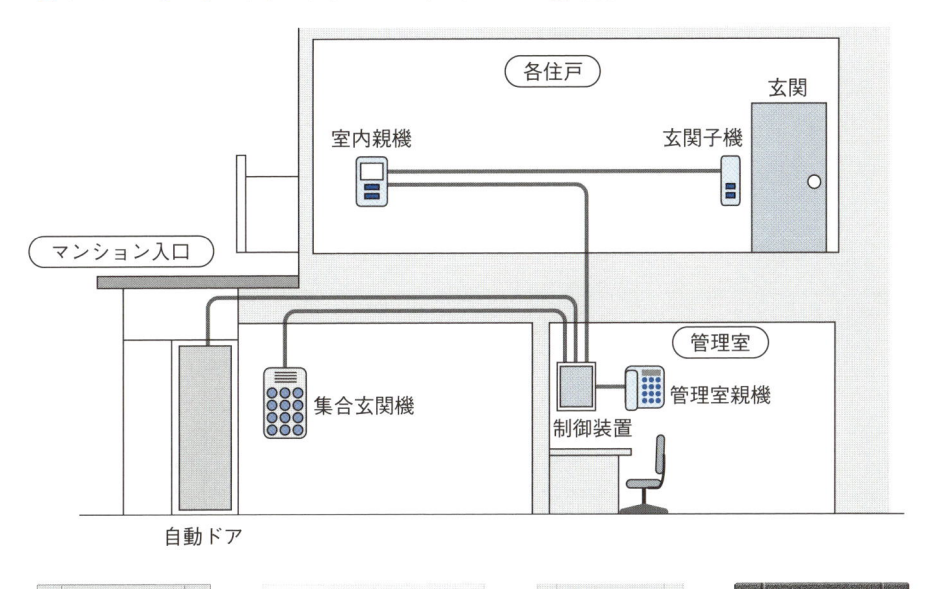

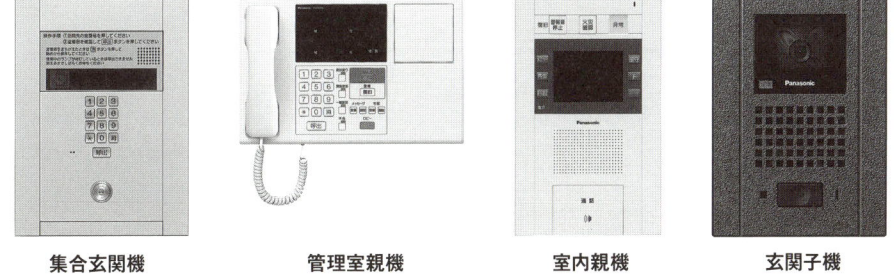

(写真提供：パナソニック電工㈱)

●ナースコールのしくみ

　「ナースコール」は、病院で入院中の患者がベッドからナースステーションの看護師を呼ぶための装置です。患者は、ボタンを押したり紐を引いたりすることで、ナースステーションを呼び出すことができます。ナースステーションでは、看護師が「親機」で呼び出しに応え、病室の患者と通話するこ

とができます。看護師や医師が携帯するワイヤレスの子機（PHS）を使って患者やナースステーションと通話できるものもあります。ナースコールは病院のほか、介護施設などでも使われています。ナースコールのシステムや構成機器の形状には、さまざまな種類があります。システムの一例は図7-4-2の通りです。

図7-4-2　ナースコールの構成例

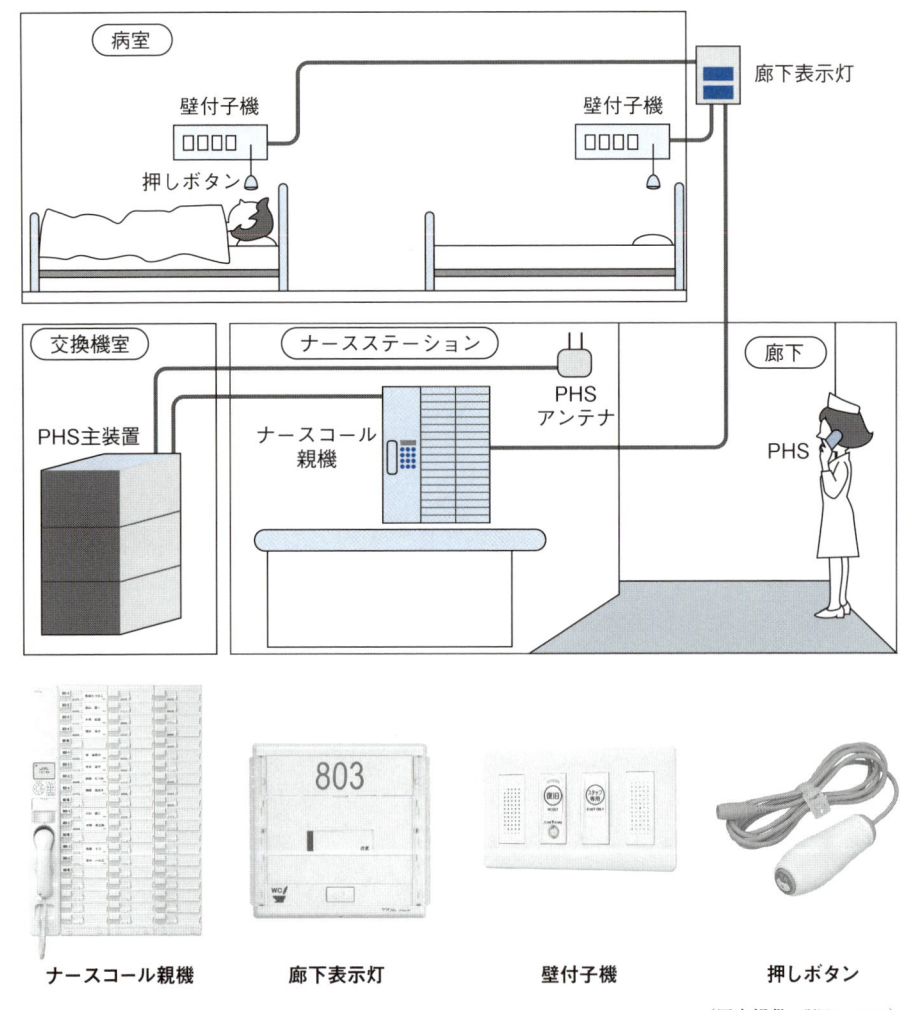

ナースコール親機　　廊下表示灯　　壁付子機　　押しボタン

（写真提供：㈱ケアコム）

●保守用のインターホン

　建物や施設の機械室、電気室などに、保守点検作業時の連絡用のためにインターホンを設置することがあります。保守点検作業時の連絡にトランシーバーや携帯電話を使うこともありますが、電波が届かない地下などでは、トランシーバーや携帯電話は使えません。そのような場所では、インターホンが威力を発揮します。

　中央監視室などに親機を置き、機械室や電気室に子機を設置する場合や、子機は設置せずに、可搬式の受話器形子機やヘッドセット形子機を接続するためのジャックだけを設けておく場合があります。ヘッドセット形の子機は両手で作業しながら通話できるので便利です（図7-4-3）。

図7-4-3　保守用インターホンの構成

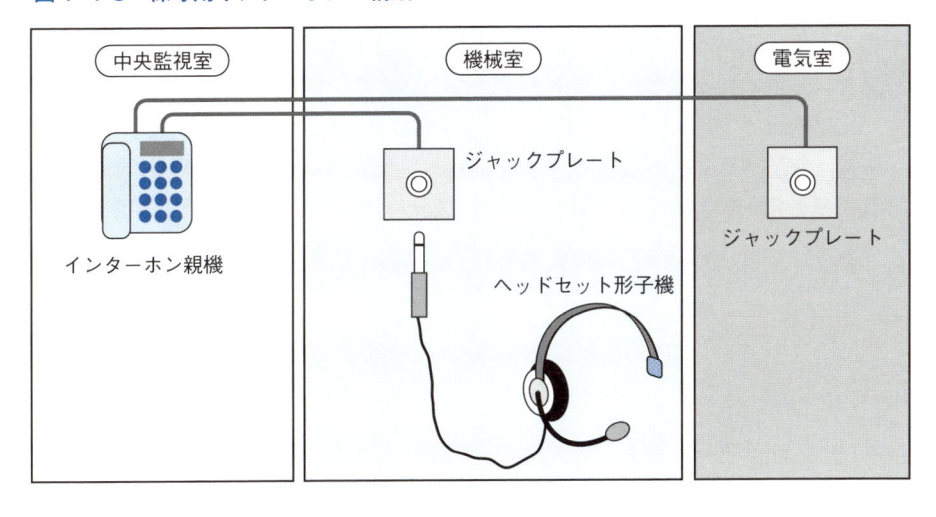

❗ 雷と滝

　雷を水にたとえると、滝のようなものと考えることができます。滝に打たれることをイメージしてみてください。高いところから流れ落ちる大量の水に直撃されたら、かなりのダメージを受けることが想像できるでしょう。

　地上と上空との間に高い電位差が生じ、そこに一気に大きな電流が流れるのが雷です。人が雷に直撃されたら感電してしまいますし、電気製品が雷に直撃されたら壊れてしまいます。

　滝から落ちる水流は、滝壺の水面を大きく揺らしながら下流に流れて行きます。同じように、落雷による電流は地表面の電位は大きく揺らしながら周囲に流れて行きます。本来、基準となるべき大地の電位が、落雷によって揺さぶられて変動してしまうのです。それにより、電気製品に異常な電流が流れ込んだり、異常な電圧が掛かったりします。このように、電気製品は、落雷そのものではなく、落雷が引き金となって引き起こされるさまざまなトラブルに見舞われることがあります。

　電気の世界では、落雷そのものを「直撃雷（ちょくげきらい）」と呼ぶのに対して、落雷によって地上で引き起こされるさまざまな電気的現象を「誘導雷（ゆうどうらい）」と呼びます。電気設備や電気製品にとっては、直撃雷も怖いのですが、誘導雷による障害も脅威で、むしろ、こちらのほうが広範囲に被害を及ぼすことがあります。

第8章

建物を守る設備あれこれ

電気は建物や人々を守るためにも使われています。
この章では、建物や人々を守る電気設備について説明します。
これらの設備の中には法律で設置が
義務付けられているものもあります。

8-1 自動火災報知設備とは

●自動火災報知設備とは

　熱や煙によって火災の発生を感知して、警報を発するのが「自動火災報知設備」です。「自火報設備」や、単に「自火報」と呼ばれることもあります。消防法により、一定規模以上の建物などには自動火災報知設備を設置することが義務付けられています。

　自動火災報知設備は、受信機、感知機、発信器、ベル、表示灯などで構成されています（図8-1-1）。

●P型とR型

　自動火災報知設備には、「P型」と「R型」があります。

　P型の自動火災報知設備では、一定の面積や区画ごとに区切って設定された「警戒区域」単位に火災の発生を感知します。P型受信機の表面には、警戒区域ごとに火災の発生を示すための「表示窓」と呼ばれるランプを内蔵したパネルが設けられています。建物規模に応じて警戒区域の数は変わるので、建物ごとに必要な窓数（回線数とも言う）の受信機を選定します。

　P型受信機は規模により1級、2級、3級の3段階に分けられています。小規模建物では1回線だけの「P型3級受信機」や、5回線までの「P型2級受信機」が使われ、6回線以上必要な建物では、「P型1級受信機」が使われます（図8-1-2）。

　R型の自動火災報知設備では、1つ1つの感知器にアドレスを割り当て、伝送信号によってどの感知器が動作したかを受信機に表示することができます。R型受信機の表面には、感知器のアドレスを示すためのデジタル表示器や液晶パネルが設けられています。R型は主に数万㎡、数十万㎡という大規模な建物や施設で使われます（図8-1-2）。

図 8-1-1　自動火災報知設備の基本構成

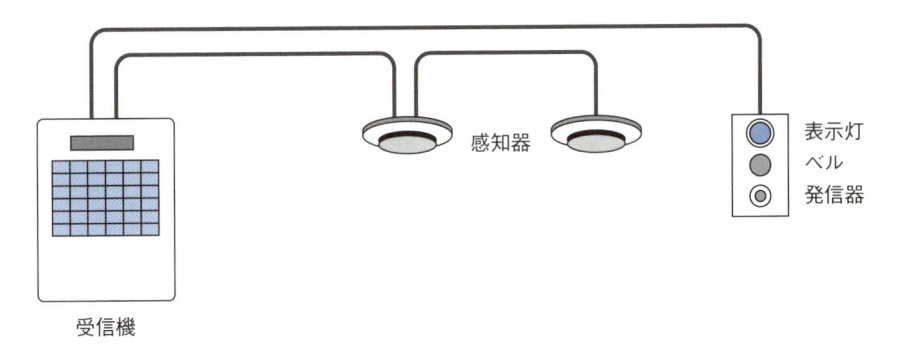

受信機／感知器／表示灯／ベル／発信器

図 8-1-2　P 型受信機と R 型受信機

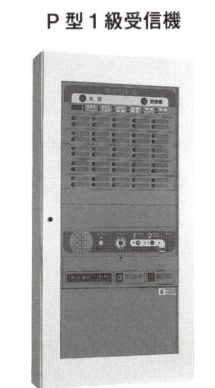

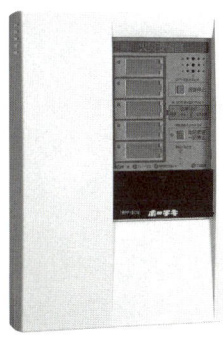

P 型 1 級受信機　　P 型 2 級受信機　　R 型受信機

（写真提供：ホーチキ㈱）

> **⚠ 非常警報設備**
>
> 　自動火災報知設備の設置義務がない小規模なビルで、収容人員が 50 人以上になる場合や、地階・無窓階で収容人員が 20 人以上になる場合には、「非常警報設備」を設置します。非常警報設備には、受信機や感知器はなく、発信機、表示灯、ベル、非常電源で構成されています。

●感知器の種類

　感知器には、「熱感知器」や「煙感知器」などがあります。また、それぞれ感度により、特殊、1種、2種、3種などがあります。

　熱感知器には、一定の温度で作動する「定温式」と、一定以上の温度上昇率になると作動する「差動式」があります。

　煙感知器には、光電素子が受ける光の変化で煙の濃度を判断する「光電式」、放射性物質を用いてイオン電流の変化から煙の濃度を判断する「イオン化式」があります。以前はイオン化式が煙感知器の主流でした。しかし、イオン化式には放射性物質が使われていることから、廃棄する際には専門業者に回収してもらう必要があります。自動火災報知設備メーカーの業界団体である社団法人日本火災報知機工業会ではイオン化式感知器から光電式感知器への切り替えを呼び掛けています。そのため、現在では光電式が煙感知器の主流になっています（図8-1-3）。

　地階や無窓階、廊下、階段などでは、煙感知器を使うことになっています。有窓階では、熱感知器、煙感知器のどちらを使ってもよいことになっています。熱感知器を使う場合は、通常は差動式が使われます。厨房のように、使用状況次第で温度上昇しやすいような場所では、差動式では誤動作してしまう恐れがあるため、定温式が使われます。

　熱感知器、煙感知器のほかに、炎から放出される紫外線や赤外線を感知する「炎感知器」もあります。炎感知器は熱感知器や煙感知器では有効に火災を早期発見できないような、高天井や大空間で使われます。

! 無窓階

　建物の地上階で、避難や消火活動に有効と認められる一定以上の大きさの開口部が一定面積以上ないフロアを「無窓階」と呼びます。一定以上の開口部があるフロアは「有窓階」と呼びます。無窓階は有窓階にくらべて、消防法上の諸々の規制が厳しくなります。

図8-1-3　主な感知器

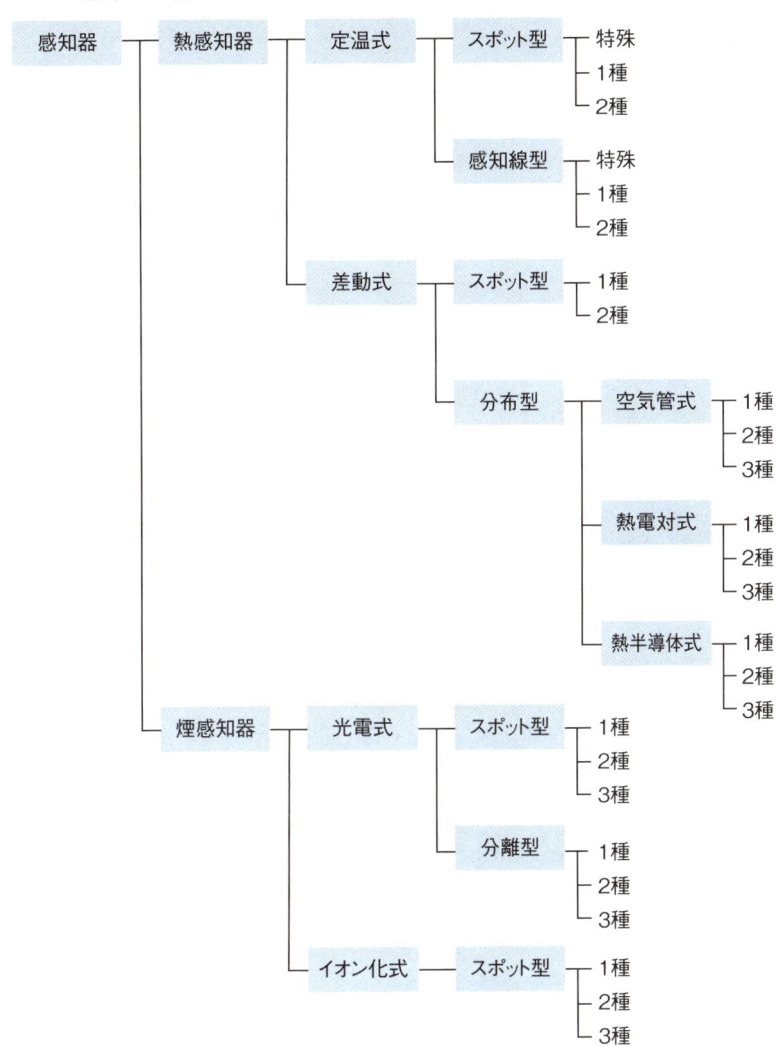

```
感知器 ─┬─ 熱感知器 ─┬─ 定温式 ─┬─ スポット型 ─┬─ 特殊
        │            │          │              ├─ 1種
        │            │          │              └─ 2種
        │            │          └─ 感知線型 ─┬─ 特殊
        │            │                        ├─ 1種
        │            │                        └─ 2種
        │            └─ 差動式 ─┬─ スポット型 ─┬─ 1種
        │                        │              └─ 2種
        │                        └─ 分布型 ─┬─ 空気管式 ─┬─ 1種
        │                                    │            ├─ 2種
        │                                    │            └─ 3種
        │                                    ├─ 熱電対式 ─┬─ 1種
        │                                    │            ├─ 2種
        │                                    │            └─ 3種
        │                                    └─ 熱半導体式 ─┬─ 1種
        │                                                    ├─ 2種
        │                                                    └─ 3種
        └─ 煙感知器 ─┬─ 光電式 ─┬─ スポット型 ─┬─ 1種
                      │          │              ├─ 2種
                      │          │              └─ 3種
                      │          └─ 分離型 ─┬─ 1種
                      │                      ├─ 2種
                      │                      └─ 3種
                      └─ イオン化式 ─ スポット型 ─┬─ 1種
                                                    ├─ 2種
                                                    └─ 3種
```

●スポット型感知器、分離型感知器、分布型感知器

　一般的によく使われる感知器は、「スポット型」と呼ばれるものです。スポット型感知器は、感知器を取り付けた地点で火災を感知するものです。大空間や高天井の場所でスポット型感知器を設置しようとすると、必要な台数が膨大になったり、保守点検が困難になったりする場合があります。そのような場合には「光電分離型感知器」や「差動分布型感知器」が使われることがあります（図 8-1-4）。

　光電分離型は、送光部と受光部を離れた場所に設置し、受光量の変化から煙の濃度を判断するものです。送光部と受光部を一体化し、離れた場所に反射板を置いて煙の濃度を判断するタイプもあります。

　差動分布型には、「熱電対式」や「空気管式」などがあります。熱電対式は、熱を加えると起電力を生じる熱電対を取り付けた電線を天井に張り巡らせることで温度上昇を感知します。空気管式は、細いチューブを天井に張り巡らせて、温度上昇によるチューブ内の空気の膨張を感知するものです。

●発信機、表示灯、ベル

　「発信機」は、火災を発見した人が、自動火災報知設備を起動してベルを鳴らすための押しボタンです。発信機の最寄りには、発信機の場所を示すための赤色の表示灯が設けられます。発信機は、建物の各階で歩行距離 50m 以内ごとに 1 箇所設置されます。

　ベルは、火災の発生を知らせるもので、正式には「地区音響装置」と言います。「地区ベル」と呼ばれることもあります。ベルは、建物の各階で歩行距離 25m 以内ごとに 1 箇所設置されます。

　発信機を設置する際、多くの場合は、表示灯とベルもワンセットで設置されます（図 8-1-5）。屋内消火栓を設置する建物では、各所に設置する屋内消火栓と一体で発信機、表示灯、ベルが設置されます。

図8-1-4 スポット型感知器、分離型感知器、差動分布型感知器

光電式スポット型感知器　　光電式分離型感知器　　差動分布型感知器

銅管／ビニール被覆／内径1.4mm

（写真提供：ホーチキ㈱）

図8-1-5 屋内消火栓設置例

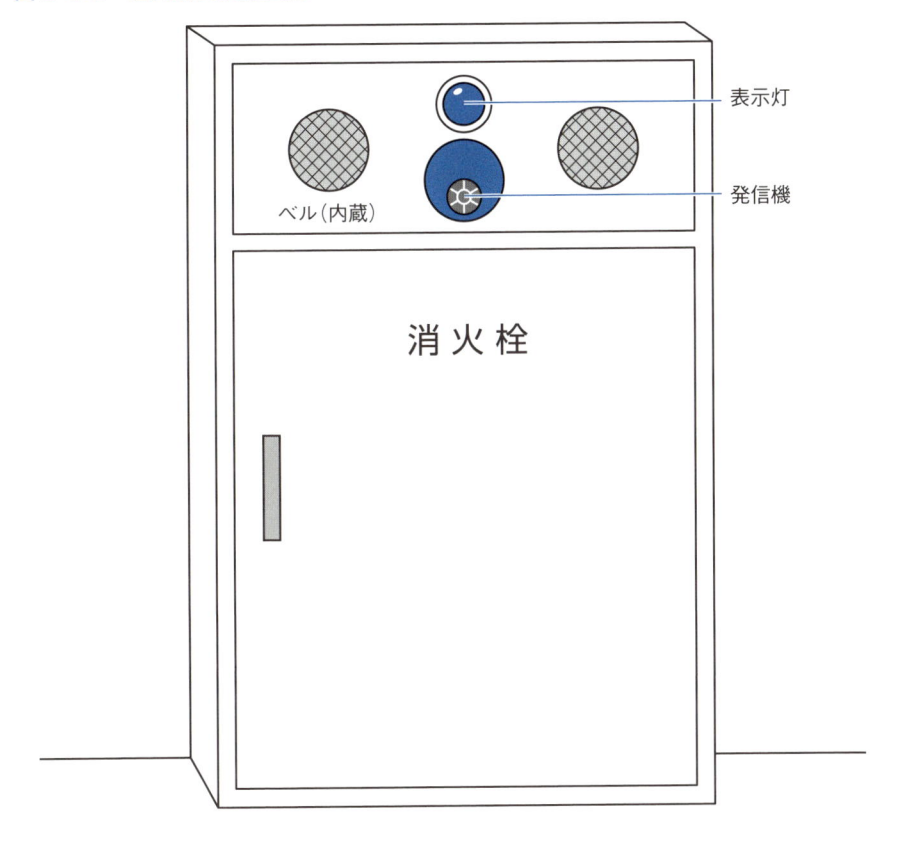

表示灯
発信機
ベル（内蔵）
消火栓

8・建物を守る設備あれこれ

●ガス漏れ火災警報設備

　1,000㎡以上の地下街や、特定用途防火対象物の地階で床面積1,000㎡以上のものなどは、消防法により「ガス漏れ火災警報設備」を設置することが義務付けられています。ガス漏れ火災警報設備は、ガス検知器、中継器、受信機、警報装置などで構成され（図8-1-6）、受信機は「G型受信機」と言います。

　自動火災報知設備とガス漏れ警報設備の両方を設置する必要がある建物や施設では、自動火災報知設備の受信機をガス漏れ警報設備の受信機を一体化した受信機が使われることもあります。P型自動火災報知設備の受信機とG型受信機を一体化したものを「GP型受信機」、R型自動火災報知設備の受信機とG型受信機を一体化したものを「GR型受信機」と言います。

●連動制御設備

　火災時に延焼や煙の蔓延を防ぐために設置されるのが、「防火防排煙連動制御設備」です。単に、「連動制御設備」とも呼ばれます。連動制御設備は、連動制御用の煙感知器が作動したら、延焼を防いで避難経路を確保するために防火扉や防火シャッターを閉鎖したり、煙のまわり込みを防ぐために給排気ファンを停止させたり、ダクト内のダンパーを閉止したりします（図8-1-7）。

　連動制御設備は、建築基準法が定める防火区画や排煙区画を形成するための設備で、消防法に基づく自動火災報知設備とは違う設備です。そのため、自動火災報知設備とは別に、単独で設置されることもあります。しかし、受信機や感知器など、機能上は自動火災報知設備と兼用できるところも多いため、自動火災報知設備と連動制御設備を一体の設備とする場合もよくあります。その場合の受信機は、「複合盤」と呼ばれます。

　なお、連動制御用には、自動火災報知設備で通常よく使われる1種や2種の感知器より感度の低い3種煙感知器が使われます。火災の初期段階で防火扉や防火シャッターを閉鎖してしまうと、避難上で逆効果になる恐れがあるので、自動火災報知設備の感知器よりも遅く作動するように考えられているのです。自動火災報知設備と連動制御設備で1つの感知器を兼用する場合には、1台の感知器で2種と3種の2つの信号を出すことができる「2信号式」の感知器を使います。

図 8-1-6　ガス漏れ火災警報設備のしくみ

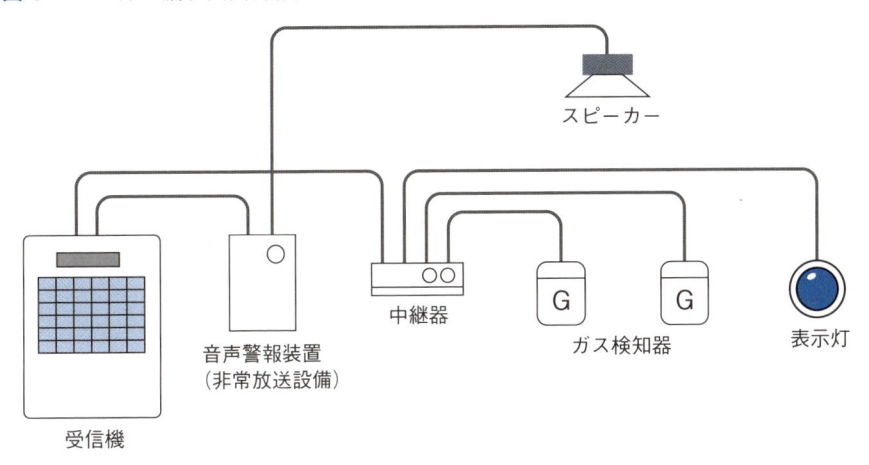

図 8-1-7　連動制御設備の流れ

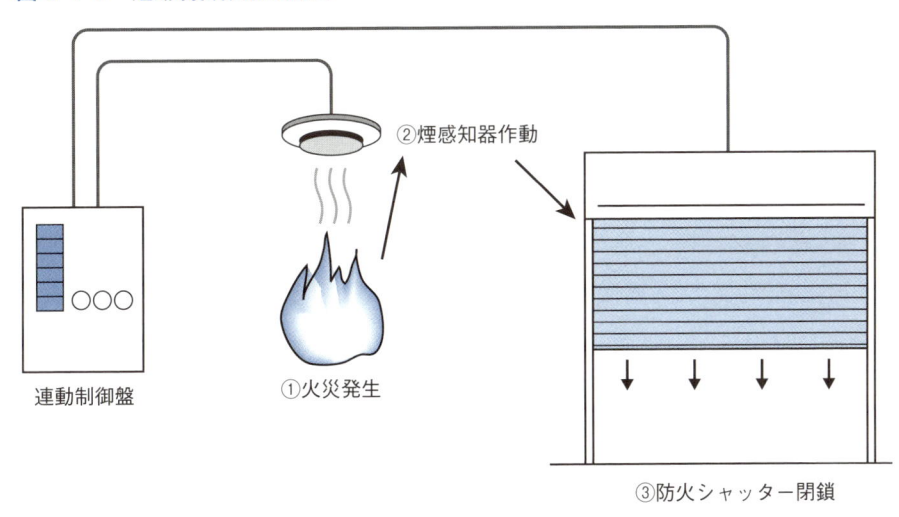

8・建物を守る設備あれこれ

●消防法の基礎知識 「防火対象物」と「令別表第1」

消防法では、山林、船舶、舟車（小型漁船、はしけ、ボート、カッター、自動車、自転車、電車、汽車、モノレール車両、ケーブルカーなど）、建築物、そのほかの工作物と、これらの付属物を「防火対象物（ぼうかたいしょうぶつ）」と言います。

これらの防火対象物は、消防法施行令の別表第1で細分化されており、細分化した防火対象物ごとに、設置すべき「消火設備」、「警報設備」、「避難設備」を定めています（表8-1-1）。

●消防用設備

「消火設備」、「警報設備」、「避難設備」をまとめて、「消防用設備等」と呼ばれます。

●消火設備とは

「消火設備」は、水や消火剤を使って火を消すための器具や設備で、以下のものがあります。

> 消火器、簡易消火用具（水バケツ、水槽、乾燥砂、膨張ひる石、膨張真珠岩）、屋内消火栓設備、スプリンクラー設備、水噴霧消火設備、泡消火設備、屋外消火栓設備、動力消火ポンプ設備

●警報設備とは

「警報設備」は、火災の発生を知らせる器具や設備で、以下のものがあります。

> 自動火災報知設備、ガス漏れ火災警報設備、漏電火災警報器、消防機関へ通報する火災報知設備、警鐘、携帯用拡声器、手動式サイレン、非常警報設備

●避難器具とは

「避難器具」は、火災が発生した際、避難するために使う器具や設備で、以下のものがあります。

> すべり台、避難はしご、救助袋、緩降器、避難橋、誘導灯、誘導標識　など

表 8-1-1　自動火災報知設備・誘導灯の設置基準

消防法施行令「別表第1」による主な防火対象物分類			自動火災報知設備（延面積）	誘導灯
1	イ	劇場、映画館、演芸場、観覧場	300㎡以上	設置
	ロ	公会場、集会場	300㎡以上	設置
2	イ	キャバレー、ナイトクラブ　など	300㎡以上	設置
	ロ	遊技場、ダンスホール	300㎡以上	設置
3	イ	待合、料理店　など	300㎡以上	設置
	ロ	飲食店	300㎡以上	設置
4		百貨店、マーケット、物品販売店舗、展示場	300㎡以上	設置
5	イ	旅館、ホテル、宿泊所	300㎡以上	設置
	ロ	寄宿舎、下宿、共同住宅	500㎡以上	△
6	イ	病院、診療所、助産所	300㎡以上	設置
	ロ	老人福祉施設、有料老人ホーム、更生施設　など	300㎡以上	設置
	ハ	幼稚園、盲学校、ろう学校、養護学校	300㎡以上	設置
7		小学校、中学校、高校、大学　など	500㎡以上	△
8		図書館、博物館、美術館　など	500㎡以上	△
9	イ	公衆浴場のうち、蒸気浴場、熱気浴場　など	200㎡以上	設置
	ロ	上記以外の公衆浴場	500㎡以上	設置
10		車両の停車場、船舶・航空機の発着場	500㎡以上	△
11		神社、寺院、教会など	1,000㎡以上	△
12	イ	工場、作業場	500㎡以上	△
	ロ	映画スタジオ、テレビスタジオ	500㎡以上	△
13	イ	自動車車庫、駐車場	500㎡以上	△
	ロ	飛行機の格納庫	全部	△
14		倉庫	500㎡以上	△
15		前項に該当しない事業場	1,000㎡以上	△
16	イ	1項～4項、5項イ、6項、9項イを含む複合用途	500㎡以上	設置
	ロ	上記イ以外の複合用途防火対象物	—	△
16の2		地下街	300㎡以上	設置
17		重要文化財の建造物　など	全部	

（注記）
自動火災報知設備は、この表のほか、以下の場合に設置する。
　イ）地階・無窓階、または 3 階以上の階で、床面積が 300 ㎡以上
　ロ）一定量以上の危険物や可燃物を取り扱う、または貯蔵する建物
　ハ）2 項、3 項、および、これらを含む 16 項イの地階、無窓階で、（16 項イでは当該用途部分の）
　　　床面積が 100 ㎡以上
　ニ）地階または 2 階以上で駐車場がある階（全ての車両が屋外に出る場合は除く）
　ホ）通信機室で床面積が 500 ㎡以上
　ヘ）11 階以上の階
誘導灯は、△の地階・無窓階・11 階以上の階に設置する

8-2 機械警備のしくみ

●機械警備設備とは

　夜間や休日で建物内に人がいないときに、外部からの侵入者を検知して警報を発したり、警備会社に通報したりするのが、「機械警備設備」です。通常、機械警備設備は警備会社によって設置されます。

　機械警備設備は、進入や異常を検知するセンサー、異常を知らせるフラッシュライト、制御装置、電源装置などで構成されています。センサーには、ドアの開閉を検知するマグネットセンサー、ガラスが割れたことを検知するガラスセンサー、人を検知する空間センサー（遠赤外線センサー）などがあります（図8-2-1）。

　なお、警備会社では、侵入者の検知だけでなく、受水槽の満水やポンプの故障など、建物内の設備機器類の異常の際にも警備員を派遣して初期対応を行う場合があります。その場合は、機械警備設備に設備機器の異常を伝える信号を入力する必要があります。

> **! 警備業法**
>
> 　警備会社の業務は警備業法によって定められています。機械警備も警備業法で定める警備会社の業務のひとつです。機械警備業者は、基地局で盗難や事故の情報を受けたら、速やかに現場に警備員を派遣しなければなりません。具体的な時間の制限は各都道府県の公安委員会が定めていますが、異常を受信してから25分以内に現場に到着しなければならないという基準が一般的です。

図 8-2-1　機械警備設備の構成例

フラッシュライト
セット解除用カードリーダー
制御装置
PBX
電話回線
警備会社へ
空間センサー
ガラスセンサー
マグネットセンサー
自動火災報知設備
設備警報盤
窓
ドア

フラッシュライト　**ガラスセンサー**　**空間センサー**　**マグネットセンサー**

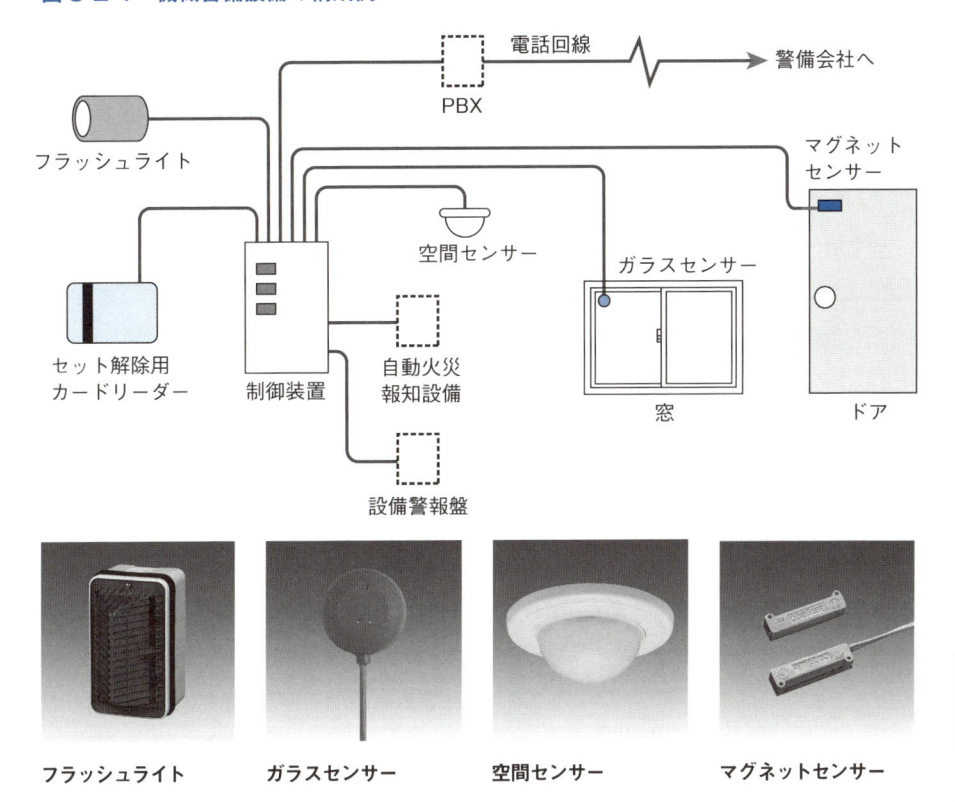

(写真提供：竹中エンジニアリング㈱)

管理室内に設置された機械警備の制御装置類

8-3 監視カメラのしくみ

●監視カメラとは

　建物の出入口や通路、店舗内、エレベーター、駐車場などに設置して、人の出入りや不正行為を監視し、犯罪を抑制するのが監視カメラです。防犯目的だけでなく、道路の交通量、河川やダムの水量、気象状況、火山活動などを確認する目的で使われることも少なくありません。監視カメラは、「ＩＴＶ（Industrial Television）設備」とも呼ばれます。

　監視カメラは、カメラ本体、カメラコントローラー、スイッチャー、レコーダー、映像モニターなどで構成されます（図8-3-1）。映像をカラーで撮影する場合と白黒で撮影する場合があります。

　夜間に暗い場所を撮影する場合には、カメラに照明用のライトを合わせて設置することもあります。また、赤外線カメラを使う場合もあります。屋外にカメラを設置する際には、屋外用ハウジングに収納します。

　1台のカメラで広い範囲を監視したり、状況に応じて拡大したりする場合には、カメラを上下左右に動かすための架台や電動ズームレンズを使い、リモートコントロールします。監視カメラの中には、パン・チルト動作のための機構と電動ズームレンズがカメラ本体と一体になっているものもあります。（カメラを左右に動かすことをパン動作といい、上下に動かすことをチルト動作といいます。）

　映像の記録には、ビデオテープを使うものや、ハードディスクを使うものなどがあります。

●エレベーター内の監視カメラ

　エレベーター内にも、防犯のために監視カメラを設置することがあります。その場合には、エレベーターに乗り込もうとしている人に、エレベーター内の様子を伝えるとともに、監視カメラの存在をアピールするために、エレベーターの乗場に映像モニターを設置することもあります（図8-3-2）。

図8-3-1 監視カメラの構成例

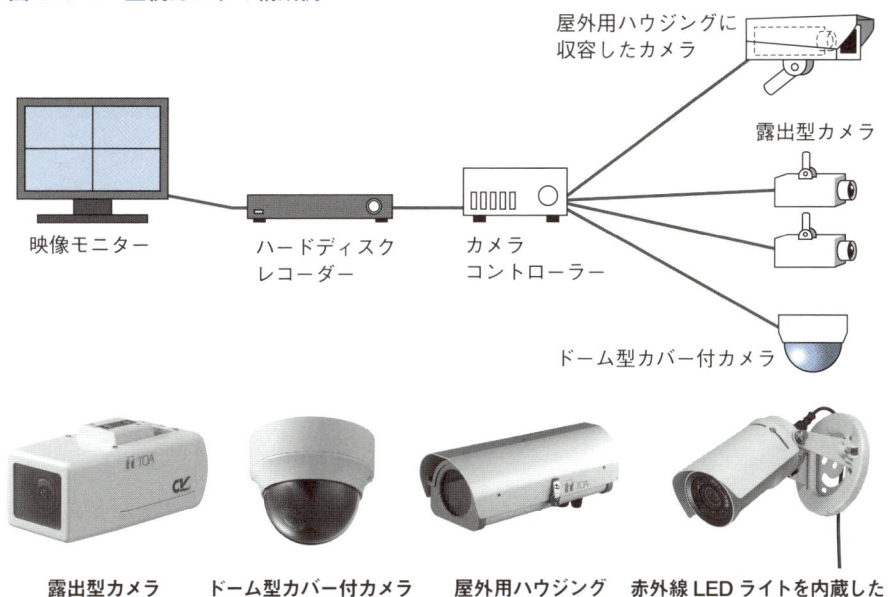

露出型カメラ　ドーム型カバー付カメラ　屋外用ハウジング　赤外線LEDライトを内蔵した屋外用カメラ

(写真提供：TOA㈱)

図8-3-2 エレベーター乗り場に設置した映像モニター

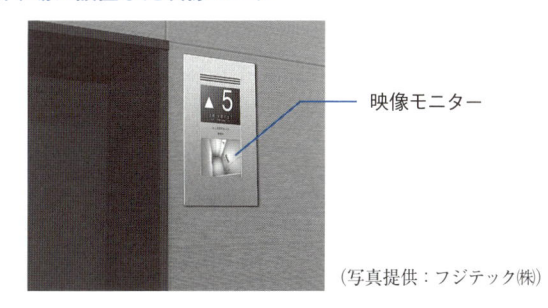

(写真提供：フジテック㈱)

> **❗ ダミーカメラ**
>
> 監視カメラの中には、実際にはカメラとして機能しない「ダミーカメラ」というものもあります。ダミーカメラは、見た目は本物そっくりにつくられていて、威嚇効果だけを狙って設置されます。複数の監視カメラを設置している施設では、あまり重要度の高くない場所にはダミーカメラを設置してコストダウンを図っているというケースもあります。

8-4 非常用照明とはどんなものか

●非常用照明とは

　停電時に自動的に点灯して最低限の明るさを確保してくれるのが「非常用照明」です。建築基準法により、一定の規模や用途の建物には非常用照明を設置することが義務付けられています（表8-4-1）。

　非常用照明は、停電時に予備電源によって30分間点灯できる必要があります。非常用照明器具には、予備電源の設け方により、「電源内蔵型」と「電源別置型」があります。

　電源内蔵型の非常用照明器具には、ニッカド電池などの蓄電池が内蔵されており、常時充電された状態になっています。停電で充電電源が切れると、自動的に点灯するようになっています。

　電源別置型は、建物内に一括して設けられている蓄電池設備から電源供給を受けます。分電盤に設けた停電検出リレーが停電を検出すると開閉器を動作させて非常用照明を点灯します。なお、電源別置型を使用する場合は、蓄電池設備から分電盤を経て非常用照明器具に至る配線には、耐熱線を使う必要があります。

表8-4-1　非常用照明の設置基準

対象建築物	設置義務のある場所	設置免除の場所
・特殊建築物 　劇場、映画館、演芸場、観覧場、公会堂、集会場、病院、診療所、ホテル、旅館、下宿、共同住宅、寄宿舎、百貨店、マーケット、展示場、キャバレー、カフェー、ナイトクラブ、バー、ダンスホール、遊技場、公衆浴場、料理店、飲食店、物品販売店舗など ・3階建以上、かつ、延面積500㎡超の建築物 ・延面積1,000㎡超の建築物 ・採光に有効な窓のない建築物	・居室 ・避難路となる廊下、階段など	・共同住宅の住戸 ・病院の病室 ・下宿の宿泊室 ・寄宿舎の寝室 ・学校 ・採光上有効に屋外に開放されている廊下や階段

●専用器具と兼用器具

非常用照明器具には、非常用照明専用の器具と、一般照明と非常用照明を兼用した器具があります。専用器具は、停電時だけに点灯するもので、兼用器具は、通常は一般照明として使用し、停電時には非常用照明器具として機能できるものです（図8-4-1）。

図8-4-1　専用器具と兼用器具

電源内蔵型の非常用照明専用器具　　電源内蔵型の非常用照明兼用器具

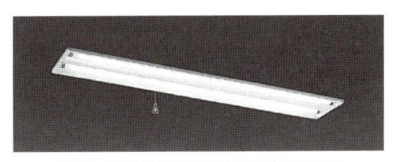

（写真提供：東芝ライテック㈱）

●非常用照明の明るさ

非常用照明は、床面の照度が1ルクス以上になるように設置する必要があります。ただし、非常用照明として蛍光灯器具を使う場合は、床面照度は2ルクス以上になるようにしなければなりません。蛍光灯は周囲の温度によっては、光束（光源が発する光の量）が低下することがあります。通常の温度で2ルクス以上になるようにしておけば、周囲温度の影響で光束が低下しても、1ルクスを確保することができると考えられているのです。

●非常用照明設置義務の緩和

非常用照明の設置義務がある建物でも、一定の要件を満たす場所には、設置義務の緩和があり、非常用照明を設けなくてもよいことになっています（表8-4-2）。

表8-4-2　非常用照明の設置義務が緩和される居室

該当居室	緩和条件
避難階の居室	屋外出口までの歩行距離が30m以下
避難階の直下階・直上階の居室	避難階の屋外出口までの歩行距離が20m以下、または屋外避難階段に通ずる出口までの歩行距離が20m以下

8-5 誘導灯とはどんなものか

●誘導灯とは

　火災などの災害が発生した際に、建物内の在館者に避難経路を示して屋外に導くのが「誘導灯」です。消防法により、一定の規模や用途の建物の通路や避難口には誘導灯を設置することが義務付けられています。

　誘導灯は常時点灯していて、停電時にも非常電源により一定時間以上点灯し続ける必要があります。誘導灯では、器具に内蔵されているニッカド電池などの蓄電池が非常電源となります。非常用照明のような電源別置型はありません。誘導灯の停電時の点灯時間は、通常の建物では20分以上、大規模な建物では60分以上です。

　なお、誘導灯の設置義務がない建物の場合は、「誘導標識」という表示プレートを取り付けます。

●誘導灯の種類

　誘導灯には、「避難口誘導灯」、「通路誘導灯」、「客席誘導灯」があります。

　避難口誘導灯は、災害時の避難口となる屋外に出るドアや部屋から廊下に出るドアを示すもので、通路誘導灯は、室内や廊下、階段などに設置され、避難口の方向を指し示すものです。客席誘導灯は映画館や劇場の観客席で通路に最低限の明るさを確保するためのものです。

　なお、階段は、建築基準法で定める非常用照明の設置基準と、消防法で定める誘導灯の設置基準の両方を満たす必要があるため、非常用照明と通路誘導灯を兼用した「階段通路誘導灯」という照明器具が使われています（図8-5-1）。

●誘導灯の大きさ

避難口誘導灯と通路誘導灯には、大きさによって「A級」「B級」「C級」の3種類があります。建物の用途や規模によって、A級、B級、C級が使い分けられます。

●誘導灯の設置免除

誘導灯の設置義務がある建物でも、一定の要件を満たす場所は設置が免除され、誘導灯を設けなくてもよいことになっています（表8-5-1）。

図 8-5-1　誘導灯の種類

避難口誘導灯

通路誘導灯

客席誘導灯

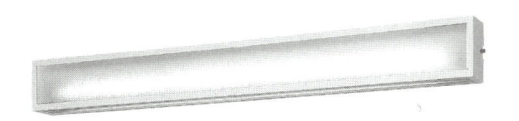

階段通路誘導灯

（写真提供：パナソニック電工㈱）

図 8-5-1　誘導灯の設置が免除される部分

避難口誘導灯	避難階	避難口までの歩行距離が20m以下
	避難階以外	避難口までの歩行距離が10m以下
	共通	100㎡以下の居室
通路誘導灯	避難階	避難口までの歩行距離が40m以下
	避難階以外	避難口までの歩行距離が30m以下

ただし、居室の各部分から主要な避難口または避難口誘導灯を容易に見通し、識別できること。

8-6 避雷針の役割と種類

●避雷設備とは

　建物を雷から守るのが「避雷設備」です。建築基準法により、高さが20mを超える建物には、避雷針などの避雷設備の設置が義務付けられています。

　建物に対する雷の影響には、雷の直撃による建物の損傷や、誘導雷による建物内部の機器の破損や誤動作などがあります。JISでは、雷の直撃から建物を守るシステムを「外部雷保護システム」、建物内部の機器を守るシステムを「内部雷保護システム」と呼んで区別しています。建築基準法が定める避雷設備は、雷の直撃による建物の物理的損傷を防ぐことを目的としており、JISが定める外部雷保護システムを引用しています。

●避雷設備の構成

　避雷設備は、「受雷部システム」、「引き下げ導線システム」、「接地システム」で構成されています（図8-6-1）。

　受雷部とは、雷の直撃を受ける部分で、避雷針の突針部分、水平導体、メッシュ導体などがあります。水平導体やメッシュ導体は、建物の屋根や外壁に導線を張り巡らせて、その導線で雷の直撃を受けるものです（図8-6-2）。

　引き下げ導線とは、受雷部で受けた雷の電流を地中の接地極まで導くもので、専用の導線を敷設する方法と、建物の構造体である鉄骨や鉄筋を利用する方法があります。

　接地とは、引き下げ導線を流れてきた雷電流を、接地極を通じて大地に逃がすものです。接地システムの接地極には、「A型接地極」、「B型接地極」、「構造体利用接地極」があります。A型接地極は板状や棒状の接地極を埋設するもので、B型接地極は、環状や網状の接地線や鋼材を接地極として埋設するものです。構造体利用接地極は、建物の基礎部分を接地極として利用するものです（図8-6-3）。

●保護角法、回転球体法、メッシュ法

　受雷部システムの設計方法には、「保護角法」、「回転球体法」、「メッシュ法」があります。保護角法は、突針から一定の角度に入る部分を保護範囲して受雷部を配置する方法です。回転球体法は、一定半径の球体が受雷部と内接してできた空間を保護範囲として受雷部を配置する方法です。メッシュ法は、一定ピッチのメッシュ状に導線や導体を敷設することで、建物を保護するものです。

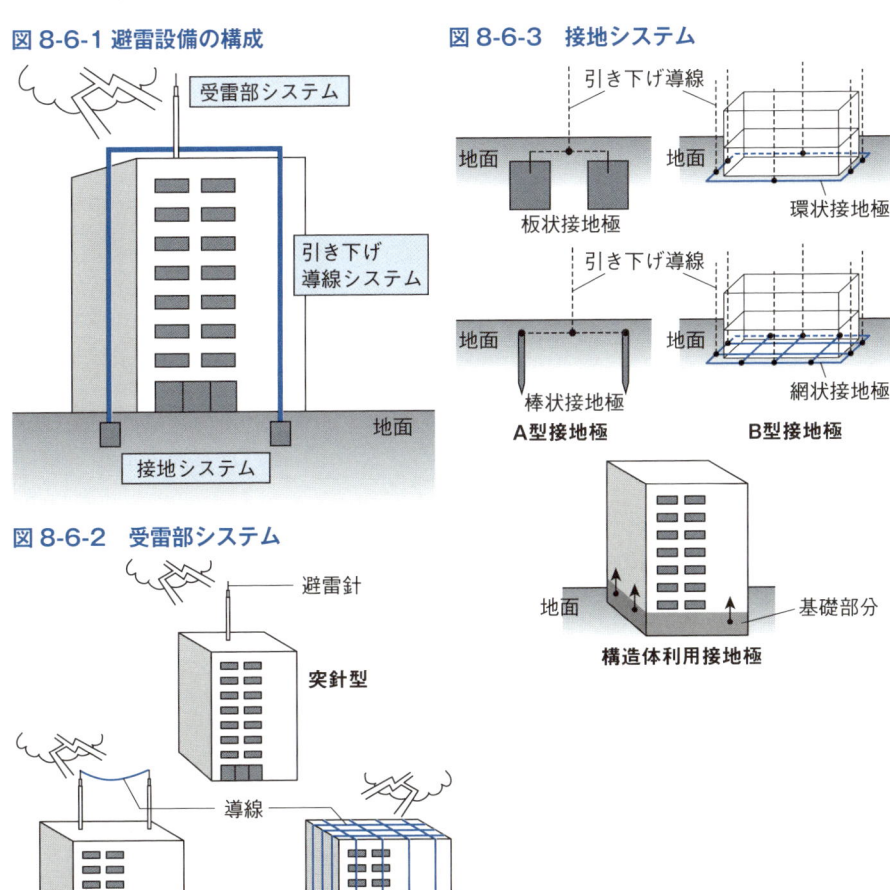

図 8-6-1 避雷設備の構成

図 8-6-3 接地システム

図 8-6-2 受雷部システム

8-7 中央監視設備とはどのようなものか

●中央監視設備とは

　建物内のさまざまな設備機器の運転や故障を一括管理するのが「中央監視設備」です。「ビル管理システム」や「BEMS（Building and Energy Management System）」とも呼ばれます。

　中央監視設備は、コンピューター（サーバー）、キーボード、モニター、プリンター、無停電電源装置（UPS）などの本体部分、各所に分散して設置されるリモートステーション盤（RS盤）、入出力装置、コントローラーなどから構成され、コンピューター制御により、空調設備の起動、停止、温湿度情報の収集、照明のON-OFF、電気、ガス、水道などの使用量把握、設備機器の運転時間や故障の記録などを行います（図8-7-1）。空調の自動制御設備や自動火災報知設備、機械警備設備などとつないで連携をとって運用されるのが一般的です。

　中央監視設備の本体部分のコンピューター、プリンターなどは、中央監視室やビル管理室と呼ばれる部屋に置かれます。中小規模ビル向けの中央監視設備には、本体部分が壁掛け盤タイプになっているものもあります（図8-7-2）。

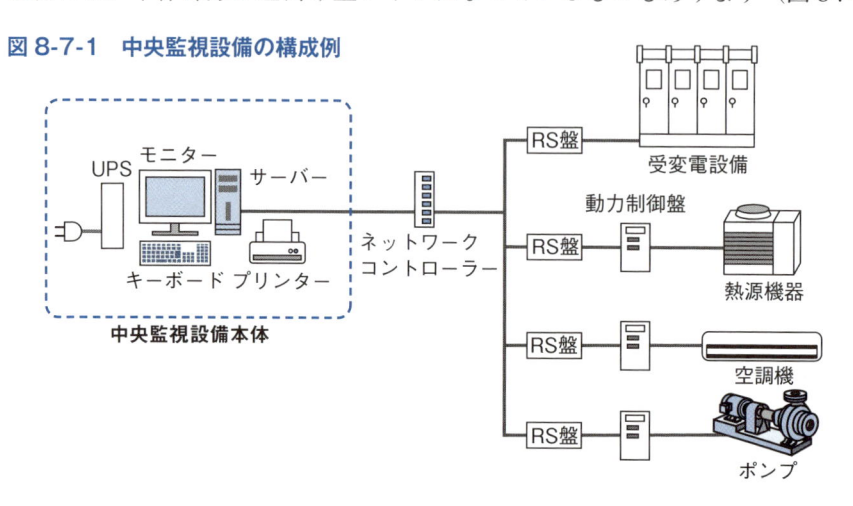

図 8-7-1　中央監視設備の構成例

図 8-7-2　デスクトップタイプの中央監視設備（左）と壁掛けタイプの中央監視盤（右）

(写真提供：㈱山武)

●中央監視設備の機能

中央監視設備の主な機能には、表8-7-1のようなものがあります。

表 8-7-1　中央監視設備の主な機能

主な機能	内容
スケジュール発停	あらかじめ決められたタイムスケジュールに従い、空調機器や照明をON-OFFする機能。年間カレンダーに従って、季節別に時間を設定したり、休日用の時間を設定したりすることもできる
イベント制御	特定の事象が起こったときに、あらかじめ決められた手順で機器を制御する機能。例えば、「火災が起こったら空調機を停止する」など
停復電処理	停電が起きた後に復電した際、あらかじめ決められた手順に従い、設備機器を停電前の状態に復旧する機能。設備機器の中には、いったん停電すると、復電しても自動的には復旧しないものも多く、また、復電時にそれぞれの機器が勝手に起動してしまうと、停電前の正しい状態に戻らないこともあるので、適切な手順で復旧する必要がある
エネルギー使用量管理	電力、ガス、水道などの各メーターから使用量のデータを受け取り、集計する。使用量の推移や累積量をグラフ化することもできる
電力デマンド制御	電力使用量のデータをリアルタイムで解析し、契約電力を超えることが予測される場合には、特定の機器を停止させて一時的に電力使用量を抑えて、契約電力を超過しないようにする機能
テナント料金管理	テナントごとの電気使用量データなどを集計し、月額料金を算出する
故障記録	設備機器の異常や故障の記録を残す機能で、ハードディスク内に一定量のデータを残す方法や適宜プリンターに印字する方法がある。設備機器の異常の中には、一時的に症状が現れて、時間が経つと自然に異常が消えてしまうようなものもある。いつ、何が起こったかを記録しておかないと、異常の原因を追及して対策を立てることができないこともあるため、異常や故障の記録を残しておかなければならない

用語索引

英字

AE ケーブル	78, 79
CB 形	32
CCP ケーブル	78, 79
CPEV ケーブル	78, 79
CV ケーブル	74, 75
EIA 規格	152
EPS	68, 69
HIV 電線	77
IDF	148, 149
IP 電話	148
IV 電線	76, 77
JIS 照明基準	122, 123
MDF	148, 149
OA フロア	71, 72, 73
PBX	146, 147
PF-S 形	32
SOG 制御装置	29
UPS(無停電電源装置)	60, 61
UTP ケーブル	78, 79
VCT(計器用変圧変流器)	31
VVF ケーブル	76
VVR ケーブル	76

ア行

アウトレットボックス	143
厚鋼管	104
アッテネーター	154
アルカリ蓄電池	57, 58, 59
安定器	114
位相	42
医用コンセント	143
インターホン	160, 161
インターロック	95
インバーター	102, 103
インバーター制御	102
薄鋼管	104
演色性	113, 122, 124
屋外用照明器具	121
屋内消火栓	170, 171

カ行

架空引き込み	24
ガス絶縁トランス	40, 41
ガス専焼方式(都市ガス単独供給方式)	55
ガス漏れ火災警報設備	172, 173
片切スイッチ	128, 129
監視カメラ	178, 179
乾式トランス	40
機械警備設備	176, 177
機側盤	90
キュービクル	34, 35, 36, 37
キュービクル形スイッチギア	34
キュービクル式高圧受電設備	34
強電	13
強電機器(設備)	13
業務用放送	150, 151
局線	148
均斉度	122, 124
グレア	122, 123, 124
蛍光灯	112
系統連系	53
ケーブル	74
ケーブルころがし	69
ケーブルハンガー	69, 104
ケーブルラック	68, 69, 104, 105
欠相	100
煙探知機	168, 169
建築化照明	119
高圧架空引き込み	26
高圧キャビネット(パイキャビ)	26, 27
高圧交流ガス負荷開閉器(UGS)	26
高圧真空遮断器(VCB)	32
高圧地中引き込み	26
高圧柱上気中開閉器(PAS)	28
高輝度放電灯	116, 117
構内放送設備	150, 151
コージェネレーションシステム(コジェネ)	54, 55
コンセント	140, 141, 142, 143
コンドルファ始動法	97, 98

コンバーター………………………………	103

サ行

三相200V ………………………………	24
三相トランス……………………………	38
3路スイッチ …………………………	128, 129
シーケンス制御…………………………	94
直入れ始動………………………………	98
自家用発電設備（自家発）……………	52
実効値……………………………………	48
自動火災報知設備………………………	166, 167
自動点滅器………………………………	132, 133
自動力率調整……………………………	44, 45
弱電………………………………………	13
弱電機器（設備）………………………	13
ジャンクションボックス………………	144
主装置……………………………………	146
受電設備…………………………………	30, 31
受変電設備………………………………	30
需要家……………………………………	26
受雷部システム…………………………	184, 185
ジョイントボックス……………………	144
照度………………………………………	122, 124
常用・非常用兼用発電設備……………	55
常用発電設備……………………………	53, 55
人感センサー付スイッチ………………	130, 131
進相コンデンサ…………………………	42, 43, 44
スイッチボックス………………………	143
スコットトランス………………………	39
スターデルタ始動法……………………	97, 98
スピーカー………………………………	153
スピーカー制御器………………………	155
スプライスボックス……………………	148
制御回路…………………………………	94, 95
制御盤……………………………………	90, 91
成端箱……………………………………	148
接続箱……………………………………	148
接地………………………………………	48
接地システム……………………………	184, 185
セルラーダクト…………………………	86
全電圧始動法……………………………	97, 98
ソーラーカレンダータイマー…………	132, 133, 134

タ行

耐火ケーブル……………………………	77
耐熱ケーブル……………………………	77
タイマー付スイッチ……………………	132, 133
多芯ケーブル……………………………	146
タスク＆アンビエント照明……………	120
端子盤……………………………………	146, 148, 149
単相三線式200V ………………………	23, 24
単相トランス……………………………	38
単相二線式100V ………………………	23
弾力運用…………………………………	23
蓄電池（バッテリー）…………………	56, 58
蓄電池設備………………………………	57
地中引き込み……………………………	24
中央監視設備……………………………	186, 187
調光器……………………………………	134, 135
直撃雷……………………………………	164
直流電源設備……………………………	57
直列リアクトル…………………………	44, 45
テレビ共同聴視設備……………………	156, 157
電位………………………………………	48
電位差……………………………………	48
電気工事士………………………………	18, 19, 20
電気工事士法……………………………	20
電気室……………………………………	30
電気主任技術者…………………………	14, 15, 18, 19
電気設備技術基準………………………	96
電気保安協会……………………………	15
電源カットリレー………………………	155
電工………………………………………	14
電線………………………………………	74
電灯コンセント設備……………………	108, 109
電灯トランス……………………………	38, 39, 108
電灯配電盤………………………………	46
電灯分電盤………………………………	109, 110, 111
電流………………………………………	48
電力………………………………………	22, 48
同軸ケーブル……………………………	78, 79
動灯トランス……………………………	38
動力機器…………………………………	88, 89, 90
動力制御盤………………………………	92, 93
動力設備…………………………………	88, 90
動力トランス……………………………	38, 39
動力配電盤………………………………	46
特殊電気工事資格者……………………	18

ナ行

ナースコール……………………………	161, 162

NAS 電池	64, 65
鉛蓄電池	57, 58
2 線式	139
認定キュービクル	62, 63
認定電気工事従事者	18, 19
熱感知機	168, 169
熱電併給（熱併給発電）	54
年間カレンダー式タイマー	134, 135
燃料電池	64, 65

ハ行

配電盤	46, 47
パイロットランプ付スイッチ	130, 131
白熱灯	112, 115
発信機	170
ハト小屋	80, 81
パラボラアンテナ	159
光害	120
引き込み柱	25, 26
引き下げ導線システム	184, 185
非常警報設備	167
非常電源	50, 64
非常電源専用受電設備	62, 63
非常放送設備	150, 151
非常用・業務用兼用放送設備	150
非常用照明	180, 181
非常用発電設備（非発）	52, 54, 55, 99
避雷器（LA）	28
避雷針	184, 185
避雷設備	184, 185
ブースター	156, 157, 158
フライホイール	66
プリカチューブ	105
フル2線式	139
フロアダクト	86
分岐回路	109
分電盤	25
分配器	156, 157, 158
ベース照明	117, 118
ベル（地区音響装置）	170
変圧器（トランス）	38
変電設備	30, 32
保安器	148
防火区画	82, 85
防火区画貫通処理	82, 83, 84
防火対象	174, 175

防災電源	50
防水プリカチューブ	105
放送アンプ	152
保守用インターホン	163
ボックスレス工法	143
炎感知機	168
ポリエチレンライニング鋼管	104

マ行

無窓階	168
メディアコンバーター	148
モーター（電動機）	96
モーターブレーカー	101
モールドトランス	40, 41

ヤ行

八木アンテナ	159
誘導灯	182, 183
誘導標識	182
誘導雷	164
床打ち込み配管	70, 71
油入トランス	40, 41
予備電源	50, 51
予備燃料方式	55
4 路スイッチ	128, 129

ラ行

リアクトル始動法	97, 98
力率	42
リモートマイク	154, 155
リモコンスイッチ	136
両切スイッチ	128, 129
レドックスフロー電池	64
連動	95
連動制御設備	172, 173
ローカル放送設備	155

ワ行

ワイドタイプのスイッチ	130, 131

■**写真提供**

パナソニック電工㈱	久保誠電気興業㈱
富士電機機器制御㈱	森井電業㈱
㈱下島電気	東芝産業機器製造㈱
日新電機㈱	伊丹市
㈱日立製作所	㈱GS ユアサ
JXホールディングス㈱	日本ガイシ㈱
日本フライホイール㈱	㈱増島組
㈱フジクラ	カワイ電線㈱
富士電線㈱	㈱小柳出電気商会
古河電気工業㈱	ProCable
トラスト・テクノ㈱	テイオー電設㈱
㈱東芝電力流通・産業システム社	東芝ライテック㈱
竹中エンジニアリング㈱	大崎電機工業㈱
㈱ケアコム	八木アンテナ㈱
ホーチキ㈱	フジテック㈱
日東工業㈱	㈲豊岡クラフト
オムロン㈱	TOA ㈱
㈱山武	（順不同）

■**参考文献**

『図解電気の大百科』　曽根悟・小谷誠・向殿政男監修　オーム社
『電気設備工事設計・施工マニュアル』　電気設備工学会監修　オーム社
『電気工事施工管理技術テキスト』　電気工事施工管理技術研究会編集　（財）地域開発研究所
『図解Q＆A建築電気設備』　田尻陸夫著　井上書院
『ビル電気設備の運転・制御マニュアル』　大浜庄司・松永三男著　オーム社

（順不同）

■著者紹介
五十嵐博一（いがらし・ひろかず）
早稲田大学理工学部電気工学科卒業。清水建設㈱にて電気設備の設計、監理に従事した後、㈲ファイブ・コンサルティングを設立し、技術コンサルティングを手掛けている。著書に「生産管理クイックマスター」（同友館・共著）などがある。
技術士（電気・電子）、技術経営修士、建築設備士。

- ●装　　　　　丁　　中村友和（ROVARIS）
- ●作図&イラスト　　下田麻美、神林光二
- ●編　　　　集　　ジーグレイプ株式会社
- ●Ｄ　Ｔ　Ｐ　　荒木和幸（㈱ホット・プレイス）

しくみ図解シリーズ
電気設備が一番わかる

2011 年 5 月 25 日　初版　第 1 刷発行
2023 年 9 月 8 日　初版　第 10 刷発行

著　　者	五十嵐博一
発 行 者	片岡　巌
発 行 所	株式会社技術評論社 東京都新宿区市谷左内 21-13 電話 　　03-3513-6150　販売促進部 　　03-3267-2270　書籍編集部
印刷／製本	株式会社加藤文明社

定価はカバーに表示してあります

本書の一部または全部を著作権法の定める範囲を超え、無断で複写、複製、転載、テープ化、ファイル化することを禁じます。

Ⓒ2011　五十嵐博一

造本には細心の注意を払っておりますが、万一、乱丁（ページの乱れ）や落丁（ページの抜け）がございましたら、小社販売促進部までお送りください。　送料小社負担にてお取り替えいたします。

ISBN978-4-7741-4637-9 C3054

Printed in Japan

本書の内容に関するご質問は、下記の宛先まで書面にてお送りください。お電話によるご質問および本書に記載されている内容以外のご質問には、一切お答えできません。あらかじめご了承ください。

〒 162-0846
新宿区市谷左内町 21-13
株式会社技術評論社　書籍編集部
「しくみ図解シリーズ」係
FAX：03-3267-2271